# MEMOIRE SIGNIFIÉ.

POUR le Sieur de Godeheu Secretaire du Roy.

CONTRE *le nommé Bellon,*

*Et le Sieur Tixier, Partie intervenante.*

SI pour legitimer une demande il n'étoit question que de substituer aux titres qui en doivent être le fondement, des mensonges, des impostures & des contradictions, de vomir les injures les plus atroces, d'obscurcir la verité par des discours captieux, Bellon pouroit se flatter d'un plein succès ; mais malheureusement pour lui la contestation d'entre les Parties est soumise à la décision de Magistrats éclairés & integres, qui jugent sur des principes certains, qui ne se déterminent que par des piéces, & par des moiens solides, qui arrachent le voile dont on se sert pour surprendre leur religion, & qui n'ont d'attention aux invectives que pour devenir les vangeurs de ceux qu'on ose attaquer avec des armes aussi méprisables.

Bellon ni le Sr. Tixier n'ont aucun titre contre le Sieur de Godeheu ; ils sont consequemment sans action ; cependant par un acharnement sans exemple ils prétendent le rendre responsable des condamnations qui sont intervenues contre Bellon par un jugement du premier Avril 1727.

Par ce jugement Bellon a été condamné en 3349. livres 12. s. envers le Sieur Tixier, ce dernier pour le payement de cette somme l'a poursuivi, & la fait emprisonner.

Bellon a crû trouver une ressource à son insolvabilité dans l'esperance qu'il a donnée au Sieur Tixier de s'acquitter envers lui, en supposant que la negotiation pour laquelle il avoit été condamné regardoit le Sieur de Godeheu, ce qui lui donnoit lieu de l'appeller en garentie.

Le Sieur Tixier n'est pas assez aveugle pour n'avoir pas senti le ridicule de la proposition de Bellon, parce qu'il n'avoit ni titres ni moyens pour attaquer le Sieur de Godeheu, sur tout lorsque Bellon ayant soûtenu lors du procès qu'ils avoient eu ensemble que le Sieur *de Godeheu étoit étranger à leur contestation*, il ne pouvoit pas avec pudeur tenir un langage opposé ; mais Bellon fertile en expediens, dit sans doute alors au Sieur Tixier ce qu'il a avancé dans ses écritures, qu'où les titres manquent les murailles parlent & qu'il trouveroit bien les moyens de se procurer des preuves par la déposition des témoins qu'il étoit en état de faire entendre.

Extravagance marquée ! Soûtenir par écrit *que le Sieur de Godeheu est l'homme du monde le plus étranger dans une negociation*, ce sont les termes de Bellon en plaidant contre le Sieur Tixier, & vouloir dans la suite prouver par témoins que la même negociation le regarde, c'est précisément vouloir faire retracter par témoins la verité qu'on a annoncée par ses propres écrits, c'est vouloir qu'on admette la preuve testimoniale au préjudice des preuves litteralles, que Bellon a fournies, tant par l'aveu formel dont on vient de parler, que par ses lettres & l'interrogatoire par lui subi, joints au procès, comme ces lettres & cet interrogatoire en faisant voir la mauvaise foi de Bellon & en développant ses contradictions perpetuelles, conduisent à la décision de la contestation qui est à juger, le Sieur de Godeheu a crû les devoir faire imprimer à la fin de ce memoire.

Le Sieur Tixier a voulu être payé, & il n'avoit point d'autre payement à esperer que dans la tentative que Lellon meditoit contre le Sieur de Godeheu, cela l'a déterminé à sacrifier à son interêt la repugnance qu'il devoit avoir d'entrer dans un si mauvais procès, il s'est donc prêté au projet de persecution dont Bellon lui avoit tracé le plan, il s'y est livré d'autant plus volontiers, que Bellon promit de peindre le Sieur de Godeheu avec des couleurs si noires, d'en faire un portrait si hideux, qu'il le forceroit pour se redimer de vexation, à lui donner de l'argent avec lequel il se libereroit avec lui.

Voilà l'époque de la liberté de Bellon, & le sçeau de l'intelligence de ces deux grands acteurs.

Le complot formé, il étoit question d'agir, les difficultés se présenterent sans nombre, les obstacles leur parurent invincibles, & il n'a pas fallu moins de deux années de reflexions pour les applanir & pour prendre un parti : on est convenu que Bellon paroîtroit d'abord sur la scene, & comme l'honneur, la bonne foi & la probité ne pouvoient l'y accompagner, & que tout parloit contre lui, il fut dit, que lorsque l'affaire seroit engagée, le Sieur Tixier viendroit par une intervention au secours des prétentions de Bellon.

Fait convenu par Bellon art. 35. de l'interrogatoire par lui subi à la requête de Germain Rocques, produit au procès cy-après transcrit. Ibid. art. 9. & 17.

Avant que d'entrer dans la discussion des demandes & des moyens des parties adverses, le Sieur de Godeheu se croit obligé de reprendre les choses de plus loin, & d'observer que le 11. Septembre 1726. il eût la facilité de confier à Bellon un Recepissé du Sieur Nicolas de 20. Actions pour en aller recevoir le prix, montant à 10400. livres.

Le même jour 11. Septembre, Bellon disparut ; parce que, ainsi qu'il en convient, ne pouvant pas remettre au Sieur de Godeheu l'argent qu'il avoit reçu pour lui, il n'osoit pas s'exposer à paroître devant lui.

Plainte du 12. Septembre 1726. produite au procès. 1. lettre de Bellon cy-après transcrite.

Le lendemain le Sieur de Godeheu rendit plainte devant le Commissaire Daminois du vol des 10400. livres. que Bellon venoit de lui faire.

Le jour precedent entre trois & quatre heures après midi, le Sieur de Godeheu avoit reçu une lettre de Bellon, par laquelle il lui mandoit de ne se point impatienter, qu'il étoit dans l'obligation d'attendre au Bureau du Sieur Nicolas, qui n'y venoit qu'après quatre heures, & qu'aussi-tôt qu'il auroit fini, il ne manqueroit pas d'aller chez lui, comme cette lettre n'étoit point dattée, le Sieur de Godeheu, pour en assurer la datte eût la précaution en rendant sa plainte, de la signer & parapher, & de la faire également signer & parapher par le Commissaire.

Bellon informé de la plainte du Sieur de Godeheu, écrivit de Mortagne au Sieur Germain Rocques une lettre qu'il prie de communiquer au Sieur de Godeheu ; afin qu'il lui accorde la sureté de sa personne pour quelques jours & le mettre en état de repeter la plus grande partie de ses fonds. 1. lettre de Bellon.

*Je ne vois pas*, dit-il, *s'il fait attention à son interêt qu'il puisse me refuser cette satisfaction, puisqu'il sera en état, si je lui accuse faux, d'exercer tous les droits qu'il a contre moi, fondés par des titres que je ne sçaurois contester sans me faire lapider, & sans passer pour le plus grand fripon de l'Univers, d'abord que j'irois contre ce que j'ai écrit & signé?* Art. 22. de l'interragatoire.

Bellon est revenu à Paris le 13. Octobre 1726.

Il est à propos d'observer ici que Bellon quelques jours avant de s'absenter avoit formé le dessein de fripponner le Sieur de Godeheu ; car il est convenu art. 7. 8. 14. 15. & 18. de son interrogatoire, que s'étant obligé en son nom & solidairement pour le Sieur Rocques au payement d'une lettre de change de 3600. livres dûë au Sieur Berault Secretaire du Roi, & voyant le terme fatal du payement approcher, dans la crainte d'être lui-même poursuivi, il dit au Sieur Rocques qu'il devoit recevoir de l'argent pour le Sieur de Godeheu, & qu'il s'en serviroit pour acquitter la lettre de change, & effectivement, ajoûte-t'il, le 11. Septembre 1726. ayant reçu pour le compte du Sieur de Godeheu une somme de 7800. liv. du Sieur Peschier Agent de Change, il alla le même jour payer au Sieur Berault les 3600. liv. en question, il employa encore 1680. liv. en l'acquisition de 6. billets de Loterie de la Compagnie des Indes, il paya en outre 2000. liv. au Sieur Taillevin pour retirer de lui un billet de 18000. liv. qu'il lui avoit fait avec la Sentence que ce dernier avoit obtenuë contre lui. Ibid.

Le 25. du mois d'Octobre 1726. Bellon remit au Sieur de Godeheu la lettre de change de 3600. liv. qu'il avoit payée des deniers qu'il lui avoit emportés, & pour employer les mêmes expressions dont Bellon se sert, il ne le fit que comme un acte de justice & pour éviter les justes poursuites que le Sieur de Godeheu étoit en droit d'exercer contre lui. Art. 24. 25. 26. 27. 28. 29. 30. 31. 32. 33. & 34.

Les choses sont restées dans cet état jusqu'au 28. Juillet 1728. que Bellon traduisit le Sr. de Godeheu au Châtelet en réparation d'honneur pour l'avoir appellé fripon, il y demanda encore la nullité de la plainte renduë par le Sieur de Godeheu pardevant le Commissaire Daminois, la restitution des billets & déclaration sous signatures privées, mentionnées en cette plainte & de 68. souscriptions de 1000. livres chacune de la Compagnie des Indes, effets proscrits depuis long tems par les Arrêts du Conseil. Requête de Bellon du 28. Juillet 1728. produite au procès.

Bellon par une Requête verballe du 3. Août ensuivant, demanda à faire preuve de l'employ qu'il avoit fait des 10400. liv. portées en la plainte du Sieur de Godeheu tant par titres que par témoins.

Par Sentence contradictoire du Châtelet du 6. Août, Bellon après la lecture faite de son interrogatoire, fût debouté de ses demandes, & condamné aux dépens. Sentence produite.

Il interjecta appel de cette Sentence au Parlement, demanda d'être renvoyé de l'accusation intentée contre lui, par le Sieur de Godeheu, & que ce dernier fût condamné en 1000. liv. de reparation civile & aux dépens. Requête de Bellon du 24. Septembre 1728. produite.

Sur ces demandes par Arrêt contradictoire, le Parlement a mis l'ap-

Arrêt du 15. Octobre produit.

pellation au néant, & ordonné que ce dont est appel sortira son plein & entier effet avec amande & dépens.

Voilà dans l'exacte verité ce qui s'est passé au Châtelet & au Parlement, d'où il resulte que la plainte du Sieur de Godeheu subsiste dans son entier, & qu'il est en droit quand il lui plaira de demander tant au Châtelet qu'au Parlement que le procès criminel de Bellon lui soit fait & parfait.

Ce n'étoit point assez à Bellon de s'être fait connoître dans les deux Tribunaux dont on vient de parler, il falloit que le Bureau le connût tout entier, il est vrai que quelques traîts de sa façon y avoient déja ébauché son portrait; mais le procès qu'il a l'audace d'intenter contre le Sieur de Godeheu achevera de découvrir la noirceur de son caractere.

Ce plaideur téméraire fit dire par ses Emissaires au Sieur de Godeheu que s'il ne lui donnoit pas de l'argent, il l'en feroit repentir, qu'il lui feroit un procès, que s'il y succomboit, il auroit au moins le barbare plaisir de le deshonorer dans le monde par un libel des plus sanglant.

Les menaces d'un homme tel que Bellon furent écoutées par le Sieur de Godeheu avec un souverain mépris, & il ne pouvoit pas s'imaginer qu'il y eût au monde un homme assez extravagant, qui, tandis qu'il devoit une somme réelle & effective, fondée sur des titres en bonne forme, osât former une demande chimerique, & l'accompagner d'une honteuse déclamation.

Bellon a fait voir qu'il étoit cet homme unique, l'aspect de la Justice, l'indignation du Tribunal où il ose paroître, la facilité que le Sieur de Godeheu avoit de le confondre par ses propres écrits ne l'ont point épouvanté, son aveuglement a été tel que par Requête du 2. Septembre dernier, il a conclu contre le Sieur de Godeheu à la garantie & par corps des condamnations prononcées contre lui le premier Avril 1727. en faveur du Sieur Tixier en 6000. liv. de dommages & interêts resultans de ce jugement, en 5000. liv. pour gratifications à lui dûës à cause des negociations qu'il est assez impudent de dire avoir faites pour le Sieur de Godeheu, il demande la permission de constater ces faits par la preuve testimonialle, ensemble que le Sieur de Godeheu soit tenu de lui restituer 38. reconnoissances appellées rivets, & 6. billets de la Loterie composée, par lui déposés au Sieur Chevreau les 22. May & 12. Septembre 1726. 68. souscritions de 1000. liv. chacune, une quittance de Finance de 3500. liv. & trois duplicata de feuilles de liquidation aux offres qu'il fait de tenir compte au Sieur de Godeheu de ce qui se trouvera lui être bien, & legitimement dû.

Pour soûtenir ces conclusions, Bellon dit qu'il a été condamné envers le Sieur Tixier en 3349. liv. quoique le Sieur de Godeheu fût redevable de cette somme; parce que c'étoit par ses ordres & à son profit que lui Bellon avoit travaillé pendant trois années dans le commerce de la place, que s'il ne l'a pas appellé en garantie avant le jugement de l'instance, c'est qu'il a crû qu'il ne devoit pas reveler un secret qui lui étoit confié, sur tout lorsque le Sieur de Godeheu lui avoit promis de le mettre à couvert de tout évenement, que le Sieur de Godeheu ayant manqué à ses promesses, ne l'ayant point garanti d'un emprisonnement honteux, il se trouve obligé d'avoir recours à l'autorité du Bureau

reau pour lui faire ſupporter les condamnations que le Sieur Tixier a fait prononcer contre lui.

Il n'y à perſonne de bon ſens qui ne conçoive que ces demandes n'étant accompagnées d'aucuns titres ni pieces, la ſimple dénegation ſuffit pour les anéantir, le Sieur de Godeheu avec une défence auſſi ſimple pourroit attendre avec tranquillité ſon jugement; mais ce n'eſt pas aſſez pour lui de faire condamner ce vil adverſaire, un interêt plus cher le ſollicite en faveur de ſon honneur outragé, le ſoin de ſa juſtification exige de lui, de mettre au jour toute la malice de Bellon, afin que les Juges & le public qu'on a cherché à ſéduire par mille artifices honteux, voyant que le Sieur de Godeheu n'avance rien qu'il ne prouve, & que Bellon ne prouve rien de ce qu'il avance, deviennent ſes propres défenſeurs.

Si Bellon a été condamné par un jugement du Bureau envers le Sieur Tixier, cette condamnation eſt très-indifferente au Sr. de Godeheu qui n'a jamais eu connoiſſance des negociations que Bellon à pû faire avec le Sieur Tixier, cette verité ſe trouve démontrée par deux lettres de Bellon des 21. Janvier, & 26. Février 1728.

Dans l'une, Bellon convient *que le Sieur de Godeheu eſt ſon principal creancier, attendu qu'il a de lui un billet de* 10400. liv. *que Tixier ne ſçauroit dire être ſimulé.*

Dans l'autre, Bellon dit expreſſement en parlant de l'affaire du Sieur Tixier *que le Sieur de Godeheu n'a jamais ſçu les circonſtances de cette malheureuſe affaire & que pour l'en inſtruire, il lui en envoye la copie; afin de lui faire connoître l'injuſtice du jugement que ce fripon* (ce ſont ſes termes) *a obtenu contre lui en niant tous les faits contre la bonne foi du commerce.*

Pluſieurs reflexions ſe preſentent à l'eſprit à l'inſpection de ces lettres : 1°. Elles ſont écrites au Sieur de Godeheu plus de dix mois après le jugement du premier Avril 1727. 2°. Elles ſont écrites par Bellon dans le tems qu'il étoit détenu priſonnier pour l'affaire du Sieur Tixier.

Si le ſieur de Godeheu avoit été veritablement ſon garant, il n'auroit pas laiſſé juger le procès avec le ſieur Tixier ſans l'appeller en garentie, il n'auroit pas depuis ſouffert les horreurs d'une priſon ſans ſe plaindre au ſieur de Godeheu de ſon exceſſive dureté; au lieu de cela il tâche d'exciter ſa compaſſion, il lui demande par charité quelques ſecours pour vivre, *n'ayant pas mis*, dit-il, *un morceau de pain dans ma bouche depuis vingt-quatre heures, ſongés*, continue-t'il, *qu'il vous ſera glorieux d'empêcher que deux fripons ne faſſent mourir un innocent dans les fers.*

Préſumera-t'on qu'un homme qui eſt empriſonné pour une affaire dont un autre lui a promis la garentie, lui tienne un pareil langage, ſur-tout dans un entretien auſſi familier que celui des lettres, il ne devoit point craindre de divulger le prétendu ſecret que Bellon dit avoir voulu cacher, parce que cette confidence ſe ſeroit paſſée entre les ſeules Parties intereſſées, Bellon convient qu'il n'y a que les ſieurs Tixier & Rocques qui le perſecutent, s'il avoit ſubi la condamnation par rapport au ſieur de Godeheu, pouvoit-il rejetter la prétendue perſecution ſur d'autres que ſur lui?

Le ſieur de de Godeheu va plus loin, Bellon art. 10 11. & 16. de ſon interrogatoire dit avoir adressé au sieur Chevreau le 11. du mois de Septembre 1726. c'est-à-dire, le jour de son évasion un paquet contenant une lettre de change avec un acte de transport, ainsi que des billets & des reconnoissances de la Loterie composée pour servir de sureté au sieur Tixier au sujet d'une convention, negotiation, & marché qu'il avoit faits avec lui & dont le sieur Chevreau étoit dépositaire, Bellon n'y fait aucune mention du sieur de Godeheu qu'il reconnoît en cent endroits de son interrogatoire, son principal & très-legitime créancier, l'auroit-il reconnu pour tel, s'il eût été son garand des marchés qu'il avoit fait avec le sieur Tixier?

D'ailleurs, comment Bellon peut-il soûtenir à la face de la Justice, que la negociation par lui faite avec le sieur Tixier regarde le sieur de Godeheu lorsqu'il a soûtenu le contraire par ses écritures en plaidant au Bureau contre le sieur Tixier: on a ci-devant dit & on croit devoir le repeter, que Bellon a déclaré en termes formels *que le Sieur de Godeheu étoit l'homme du monde le plus étranger à la contestation.*

Si le sieur de Godeheu étoit étranger à la contestation, il est visible que la negociation faite par Bellon avec le sieur Tixier ne le regardoit point, & tous les argumens dont Bellon s'est servi pour prouver l'affirmative, ne sçauroient donner atteinte à la déclaration précise qu'il a faite.

Croira-t'on que, si Bellon avoit fait avec le sieur Tixier la négociation en question pour le compte du sieur de Godeheu, ce dernier en eût abandonné la suite à la diligence de Bellon! l'affaire étoit assez importante pour qu'il sçût par lui-même comment les choses se passoient; cependant long-tems après le jugement intervenu au profit du sieur Tixier, Bellon déclare *que le Sieur de Godeheu n'a jamais sçu les circonstances de cette malheureuse affaire, que pour l'en instruire il lui envoye un memoire, afin de lui faire connoître l'injustice du jugement du Bureau.*

C'est se refuser à l'évidence après des termes aussi formels, de vouloir persuader qu'une affaire regarde une personne, qui en ignore jusqu'aux circonstances.

Il n'est point étonnant que Bellon se soit évaporé en injures contre le sieur de Godeheu, lorsqu'il ose parler du jugement du 1. Avril 1727. avec des termes aussi peu convenables, s'il traite d'injustes des décisions qui doivent être par lui respectées, il a pû confier au papier les calomnies dont ses écritures sont remplies.

Bellon demande trente-huit reconnoissances appellées rivets, six billets de la Lotterie composée, qu'il dit avoir remis au Sieur Chevreau, soixante-huit souscriptions de 1000. liv. une quittance de 3500. liv. & trois *Duplicata* de feüilles de liquidation.

Comment Bellon a-t'il le front de demander au Sieur de Godeheu ces reconnoissances, dans le tems qu'il declare les avoir remis au Sieur Chevreau, pour seureté d'une négociation qu'il avoit faite avec le Sieur Tixier, si Bellon a donné ces effets en nantissement au sieur Chevreau, ils ne peuvent être entre les mains du sieur Godeheu; à l'égard des six billets de la Lotterie, Bellon est convenu dans son Interrogatoire, que le jour qu'il emporta les 10400. liv. du sieur de Godeheu, il en acheta six billets de la Lotterie pour envoyer au sieur Chevreau. En verité, c'est être trop impudent que de demander à un homme la restitution de six billets de Lotterie qu'on a acheté de son argent, pour les déposer à un autre, & dont on a profité à ses dépens; il y a plus, c'est que lors de l'Instance de Bellon & du sieur Tixier, le sieur Chevreau étoit Partie au Procès comme dépositaire de ces effets, lequel ayant declaré les avoir remis au sieur Tixier suivant l'intention des Parties, il a été déchargé de la demande de Bellon avec dépens.

Le sieur de Godeheu a offert & offre de remettre au Greffe de la Commission soixante-sept souscriptions, & non pas soixante-huit qu'il a entre ses mains appartenans à Bellon, étant des effets proscrits, s'ils étoient de quelque valeur & qu'ils fussent négociables, le sieur de Godeheu ne manqueroit pas de demander qu'ils fussent vendus, pour en toucher le produit en déduction de ce qui lui est dû; mais étant hors de cours, Bellon n'en sçauroit faire qu'un mauvais usage. Ces effets avoient été remis au sieur de Godeheu par Bellon pour arrêter ses poursuites.

Il a offert pareillement de remettre au Greffe une copie collationnée d'une quittance de finance de 3500. liv. & trois feüilles de liquidation que Bellon demande.

Il faut avoir fait entierement divorce avec le bon sens, pour proposer dans l'espece de la cause une preuve testimoniale contre la preuve litterale, qui resulte des écrits de Bellon.

On accorde quelquefois la preuve testimonialle pour des marchez qui se font dans les foires; mais il faut que plusieurs circonstances se réünissent en faveur du Marchand qui demande cette preuve, il faut qu'il soit en réputation de bonne foy, & qu'il n'y ait rien d'équivoque sur sa conduite; dans l'espece de la cause, Bellon veut prouver par témoins que la négociation qu'il a faite avec le sieur Tixier, est pour le compte du sieur de Godeheu, dans le tems qu'on produit des pieces de son fait qui declarent le contraire, Bellon dont la réputation est plus qu'équivoque, a-t'il pû s'imaginer un moment qu'un Tribunal éclairé aille compromettre la fortune d'un honnête homme à la discretion de ses témoins? C'est dans ces circonstances que le sieur de Godeheu a demandé à être déchargé des demandes de Bellon, & qu'il a conclud au payement de la somme de 6800. liv. restante à payer de 10400. livres qu'il lui avoit emportez, attendu que le sieur de Godeheu avoit déduit le montant de la Lettre de change de 3600. liv. acquittée par le sieur Rocques, comme ayant été payée des deniers du sieur de Godeheu.

Le sieur de Godeheu s'étoit flatté qu'à la lecture de sa Requête, Bellon abandonneroit un Procès, qui de quelque côté qu'il soit envisagé ne pouvoit que le couvrir de confusion; Bellon prenant des forces dans sa propre défaite, a voulu faire voir qu'il n'étoit point homme à reculer, il a fait signifier le 31. Janvier dernier une Requête, par laquelle, après avoir soûtenu qu'il étoit l'Agent du sieur de Godeheu, & que ce dernier devoit en cette qualité être condamné en 5000. liv. pour le salaire dû aux négociations qu'il avoit faites pour lui, il abandonne ce premier point de vûë, pour tomber dans une absurdité aussi grossiere que la premiere, en prétendant qu'il y a eu entr'eux une societé, il se désiste d'une partie de ses premieres conclusions, & demande que le sieur Godeheu soit condamné par corps à lui rendre compte des gains provenus d'icelle; sinon, & à faute de ce faire dans le délai qu'il plaira au Bureau de prescrire, le condamner par corps à lui payer la somme de 30000. liv. pour sa part de profits des négociations faites, & aux interêts du jour qu'il en a formé la demande, & en 10000. livres de dommages & interêts, resultans tant de l'emprisonnement fait de sa personne que des autres torts & vexations, qu'exerce contre lui le sieur de Godeheu, il persiste au surplus dans ses précedentes conclusions, & insiste entr'autres choses dans la preuve testimoniale.

La variation de Bellon dans ses conclusions, l'incertitude & l'extravagance de ses demandes, le défaut de preuve dans tout ce qu'il allegue, ses suppositions démenties par les pieces produites étant plus que suffisantes pour déterminer la décision du Bureau, le Sieur de Godeheu pourroit se contenter d'employer en réponse à cette seconde Requête ce qu'il a ci-devant dit, écrit, & produit; mais le gain de son Procès le toucheroit peu, s'il ne dissipoit pas jusqu'aux moindres soupçons que Bellon a jetté sur sa conduite: c'est pour y parvenir que le Sieur de Godeheu se propose de répondre à l'ouvrage d'iniquité que Bellon a osé faire paroître.

Bellon pour autoriser les injures gratuites dont son libelle est rempli, dit que les écritures du Sieur de Godeheu sont un tissu de calomnies, & que les faits y sont supposez.

Les défenses respectives des Parties sont sous les yeux de leurs Juges & du Public, on verra dans celles de Bellon des histoires faites à plaisir, pour avoir occasion de calomnier le Sieur de Godeheu, dans celles de ce dernier on trouvera la preuve complette de tout ce qu'il avance, & rien qui sente l'invective, s'il a fallu faire connoître les vexations de Bellon, on a produit un Interrogatoire par lui subi, par lequel on démontre l'aveu formel que Bellon a fait d'avoir enlevé le bien du Sieur de Godeheu, pour l'employer à se liberer de ses engagemens personnels; cet aveu joint aux pieces que le Sieur Godeheu avoit par devers lui, ayant donné lieu à des plaintes des plus legitimes, il s'est servi des seuls termes qui pouvoient exprimer l'infidelité de Bellon: il est vrai que Bellon en a demandé réparation au Châtelet & au Parlement; mais il en a été débouté. Si donc le Sieur de Godeheu a soûtenu que Bellon étoit un fripon, il n'a dit que la verité, & après en avoir fait la fatale experience par la perte de son bien, cette verité reconnuë par deux Jugemens solemnels, relative au témoignage que Bellon en a rendu par son Interrogatoire, fait connoître que le Sieur de Godeheu a été en droit de lui donner la seule dénomination qu'il meritoit.

A l'égard de la supposition des faits, c'est une allegation frivole, qui est démentie par les pieces jointes au Procès, le Sieur de Godeheu n'a articulé aucun fait dont il n'ait donné la preuve.

Bellon se donne la torture pour établir qu'il a été en societé avec le Sieur de Godeheu; comment peut-il tomber dans un pareil égarement, après avoir conclud contre le Sieur de Godeheu au payement des salaires qu'il prétendoit lui être dû en qualité d'Agent ?

La societé, dit Bellon, a été contractée. Le Sieur de Godeheu est convenu d'en faire les fonds, & j'y ai mis mon industrie.

Il faut avoir perdu toute pudeur pour proposer à des Juges une pareille societé, & sur le fondemeut d'icelle prendre contre son prétendu Associé des conclusions, s'il y avoit eu entre Bellon & le Sieur de Godeheu une societé, il y auroit eu entr'eux un Acte qui en renfermeroit les clauses & les conditions, si pour fixer & déterminer la part que chacun doit prendre dans les gains & les pertes d'une societé, à proportion des fonds qu'il a fournis, il est necessaire de rapporter quelques titres justificatifs, sur quoi Bellon appuye-t'il sa prétention ? Quelle valeur donnera-t'on nera-t'on à cette fameuse industrie, dont Bellon se vante & qui lui tient lieu de fonds? Le Sieur de Godeheu ne lui en connoît point d'autre, que d'avoir eu le secret de lui attraper le recepissé du Sieur Nicolas, du produit duquel il a disposé ainsi qu'il a jugé à propos, sans que le Sieur de Godeheu ait pû s'en faire rendre raison.

Bellon dit qu'un article préliminaire de cette societé, étoit, qu'il n'en parleroit à qui que ce soit, qu'il a mieux aimé endurer la prison, que de violer la parole qu'il lui avoit donnée de garder le secret.

Le Sieur de Godeheu répond qu'il a joint à sa premiere Requête les Lettres de Bellon écrites de sa prison, s'il y avoit eu entr'eux la moindre apparence de societé, Bellon n'auroit pas manqué d'y faire valoir les droits d'un Associé, il n'y a rien d'approchant; au contraire on voit un homme qui tâche d'exciter la commiseration, dans le tems que, s'il avoit été veritablement Associé, il auroit été en droit d'implorer la justice.

Bellon n'est pas d'accord avec lui-même, lorsque d'un côté il dit qu'il a gardé un secret inviolable de cette prétenduë societé, & que de l'autre il demande à la prouver par témoins: car si Bellon comme il le dit, a gardé le secret, il est hors d'état de faire entendre des témoins qui puissent l'annoncer.

Dans ces circonstances, le Bureau toûjours équitable, & qui sçait peser les choses au poids du Sanctuaire, n'abandonnera pas le sieur de Godeheu aux industrieuses ressources d'un homme tel que Bellon.

Bellon après avoir fait une longue histoire des prétendus benefices de la societé, & avoir avancé que le sieur de Godeheu avoit eu plus de 60000. liv. de profit sans les avoir partagez avec lui, passe au recit d'un engagement fait le 24. Juillet 1725. pour le compte du sieur de Godeheu avec le sieur Tixier, dans ce recit il parle de dividendes d'actions données pour le prix du marché, à ce premier engagement il en fait succeder un autre qu'il appelle prorogation de délai, par lequel il s'engagea, dit-il, de rendre vingt-deux actions au 31. Janvier 1725. au sieur Tixier, & ce dernier de lui payer 12500. liv. & comme le sieur Tixier n'avoit point de seureté pour ses vingt-deux actions, il demanda à Bellon un nantissement entre les mains du sieur Chevreau, Bellon lui remit trente-six rivets avec promesse verbale, que si les actions qui n'étoient alors qu'à 640. liv. venoient à hausser, Bellon augmenteroit le nantissement: il ajoûte, que les trente-six rivets lui appartenoient, qu'il les avoit remis au sieur Godeheu sans reconnoissance, parce que celui-ci qui n'avoit pas encore partagé le benefice de la societé, lui avoit promis de les faire constituer à son profit sur la tête du fils du sieur de Godeheu en rentes viageres, il dit encore que les actions étant augmentées, il ajoûta au nantissement deux rivets & six billets de Lotterie, avec une Lettre de Change de 3600. liv. du sieur Rocques, & que comme le sieur de Godeheu ne lui avoit remis le Certificat de dépôt de vingt actions, que comme un commencement du benefice qui lui revenoît dans leur prétenduë societé, il n'est pas étonnant qu'il en ait disposé pour ses affaires personnelles, & pour acquerir les deux rivets & la Lettre de Change qu'il avoit déposez.

La réponse du sieur de Godeheu est prompte, il n'est pas possible que le systeme de Bellon se soûtienne, lorsqu'il perit par les fondemens; Bellon propose une societé qui n'a jamais existé, & il se trompe fort s'il croit que des discours vagues & des sermens lui tiendront lieu de Titres, il faut écarter cette prétenduë societé, & par consequent l'idée des pretendus profits arrivés à cette societé.

Pour ce qui concerne l'article des engagemens faits par Bellon avec le sieur Tixier, le sieur de Godeheu y a ci devant répondû, en disant qu'il ignoroit les negociations faites entre ces deux Particuliers, il a produit une Lettre de Bellon écrite de sa prison 11. mois après le Jugement rendu au profit du sieur Tixier, par laquelle il lui marque qu'il lui envoïe un memoire pour le mettre au fait de cette malheureuse affaire; il a dit encore que Bellon en plaidant contre le sieur Tixier a declaré que le sieur de Godeheu étoit l'homme du monde le plus indifferent dans l'affaire qui regardoit le sieur Tixier, le sieur de Godeheu ajoûte que lors de l'Interrogatoire subi par Bellon à la Requeste du sieur Rocques, dans lequel il détaille l'usage qu'il a fait d'une partie de l'argent emporté au sieur de Godeheu, il n'auroit pas manqué de dire que les Effets achetés des deniers du sieur de Godeheu & remis au sieur Chevreau pour une negotiation faite avec le sieur Tixier, étoient pour le compte du sieur de Godeheu; s'il avoit été son garant, il n'auroit pas laissé juger l'instance sans l'appeller en garantie, il ne se seroit pas laissé emprisonner sans poursuivre celui qui avoit donné lieu à son emprisonnement.

De quel front Bellon peut-il soûtenir qu'il a pû disposer du Certificat de vingt actions comme effet de leur societé? le sieur de Godeheu est porteur de sa declaration pure & simple, par l'Interrogatoire & les Lettres produites au Procès on voit que relativement à cette declaration, Bellon se declare le principal débiteur du Sieur de Godeheu, il le conjure d'affirmer devant Monsieur le Lieutenant Civil, que la somme de 10400. liv. portée au Certificat du sieur Nicolas, lui est bien & legitimement dûë; il ajoûte qu'il ne demande de lui que la verité, & que son affirmation ne sçauroit nuire aux droits résultans de la plainte que le Sieur de Godeheu avoit renduë contre lui, qu'il se reservera, dit-il, avec toutes les clauses qui lui paroîtront convenables pour la sûreté de sa dette, il promet de le payer; en un mot il reconnoît la legitimité de la créance du Sieur de Godeheu, il convient ne la pouvoir contester sans passer pour le plus grand fripon de l'Univers.

Il n'y a pas plus de vrai-semblance à l'article des 38. rivets & des six billets de la Loterie qu'il dit avoir deposés en nantissement pour l'affaire qu'il avoit euë avec le sieur Tixier; comment accorder cette allégation, ou pour mieux dire, ce mensonge grossier avec la declaration que ce même Bellon fait dans son Interrogatoire de l'emploi qu'il a fait de l'argent du Sieur de Godeheu, dans lequel il n'est point dit que le Sieur de Godeheu eût interest dans la negotiation faite avec le sieur Tixier.

Bellon forcé jusques dans ses retranchemens, est enfin obligé de convenir de bonne foi qu'il n'a point de Titres: mais il soûtient en même tems que tout dépose en faveur de la societé; les pierres, dit-il, parlent où le Titre manque: il suffit d'interroger toutes les personnes qui frequentent la place ou le Caffé de Dupuy, il demeurera pour constant que Bellon n'étoit point en état par la mediocrité de sa fortune de faire pour lui-même les negociations qu'il a faites; il ajoûte que tout le monde sçavoit qu'il étoit dans la familiarité la plus intime, parce qu'il trouvoit en lui un homme capable d'augmenter sa fortune.

Le Sieur de Godeheu répond qu'il eſt convaincu, que depuis l'établiſſement du Bureau ce Tribunal n'a point entendu parler d'une pareille Juriſprudence ; il a bien vû des demandes dictées par la cupidité & par l'infidelité ; mais du moins il y avoit quelques Titres bons ou mauvais qui leur ſervoient de fondement, il ne croit pas qu'aucun Plaideur ait été aſſez hardi pour, ſur l'idée d'une ſocieté chimerique, où il n'y en pas l'ombre, entreprendre un procès tel que Bellon intente au Sieur de Godeheu.

Il n'eſt pas beſoin de grands diſcours pour détruire la ſocieté alleguée par Bellon, il n'eſt beſoin que de la ſimple dénégation; le Sr. de Godeheu va plus loin, en ſuppoſant qu'il eût fait une ſocieté de negociations telles que Bellon en fait la deſcription, c'eſt-à-dire, l'achapt journalier des dividendes à 40. & 50.ſ. d'eſcompte, prêt ſur nantiſſement avec de gros interêts & autres negociations de pareille nature, qu'on peut à juſte titre appeller un commerce d'uſure & d'abomination : ce ſeroit une ſocieté criminelle qui n'auroit aucun effet ; & loin que les Loix fuſſent favorables à celui qui ſe plaindroit de ſon aſſocié, elles portent que *ſi maleficii ſocietas coïta ſit, conſtat nullam eſſe ſocietatem ; generaliter enim traditur rerum inhoneſtarum nullam eſſe ſocietatem. L. 35. ff. de contr. empt. delictorum turpis atque fœda communio eſt. L. 53. ff. pro ſoc.* Si donc dans la ſuppoſition d'une ſocieté telle qu'on l'a décrite, Bellon n'en peut tirer aucun avantage, parce que les Loix la réprouvent, à plus forte raiſon lorſqu'elle n'a pas exiſté.

Un homme qui a été capable de former l'idée de cette monſtrueuſe ſocieté, qui ſe declare l'agent & l'inſtrument des negociations uſuraires dont il a fait le détail, doit être regardé avec horreur : car il ſe declare coupable de l'iniquité de ces negociations ; il a beau dire qu'il a un aſſocié, & que cet aſſocié eſt le Sieur de Godeheu, ce diſcours ne fera point d'impreſſion, le ſieur de Godeheu ne paſſera point pour ſon aſſocié, & il reſtera ſeul chargé de l'iniquité des operations honteuſes qu'il dit avoir faites.

Mais je trouverai, dit Bellon, dans le Caffé de Dupuy & dans la bourſe des témoins qui certifieront la verité de la ſocieté, ils declareront que j'ai toûjours travaillé pour le ſieur de Godeheu.

On répond que quoique les lieux citez par Bellon ſoient ſouvent frequentés par des gens dont les mœurs & la conduite ſont irreprochables, il arrive auſſi que dans ces lieux publics il peut s'y en gliſſer de fort mauvais alloï ; & il ne ſeroit pas étonnant d'y voir des compagnons de Bellon qui ſeroient ravis de trouver l'occaſion de lui faire plaiſir.

Bellon ſentant toute la force de l'argument que le ſieur de Godeheu tire du deffaut de Titres, pretend après être convenu qu'il n'en avoit point, que le ſieur de Godeheu lui en adminiſtre un. Voici ſon raiſonnement.

Le ſieur de Godeheu convient dans ſa plainte des negociations qu'il l'a chargé de faire pour ſon compte ; il lui avoit confié, dit-il, un certificat de 20. actions, n'eſt-ce pas, dit Bellon, un aveu formel qu'il ſe mêloit de negociations ?

Il faut avoir renoncé au bon ſens pour argumenter de la ſorte. Quoi ! parce que le ſieur de Godeheu lui a confié un Recepiſſé du ſieur Nicolas pour en toucher le produit, cette confiance qu'il a euë en lui eſt une preuve qu'il a mis en œuvre Bellon dans toutes les negociations que ce dernier a faites sur la place ; que la negociation que Bellon a faite avec le sieur Tixier est pour le compte du sieur de Godeheu, que le sieur de Godeheu a été dans un commerce journalier & non interrompu de pareilles negociations. Ce raisonnement est si absurde, qu'il ne merite pas de réponse : un fort honnête homme a pû faire une prime par le canal de Bellon, sans que cela prouve que les negociations qu'il a faites avec qui il a jugé à propos, ayent été pour son compte.

Il faut conclure que le certificat qui prouve une prime, ne sçauroit servir de preuve pour d'autres negociations.

Mais, dit Bellon, l'Ordonnance qui deffend la preuve testimoniale au-dessus de 100. livres, étend la deffence lorsqu'il y a un commencement de preuve par écrit : or si le Titre que le sieur Godeheu a fourni, n'est point une preuve complette, c'est un commencement de preuve par écrit des negociations qui ont été faites pour le compte de la societé: par consequent il doit être admis à la preuve testimoniale.

Le sieur de Godeheu admet les principes ; mais il nie l'application & les consequences ; l'Ordonnance permet la preuve testimoniale au-dessus de 100. livres, lorsqu'il y a un commencement de preuve par écrit du fait de la partie contre laquelle on est en discution ; dans l'espece de la cause il n'y a rien du fait du sieur Godeheu, qui prouve que la negociation faite par Bellon avec le sieur Tixier ait été faite pour le compte du sieur de Godeheu ; rien ne prouve la pretenduë societé que Bellon allegue ; cet homme de mauvaise foi ne produit ni compte ni Lettre qui indiquent ce qu'il veut prouver ; au contraire par les Pieces produites on démontre que Bellon a declaré formellement que la negociation d'entre lui & le sieur Tixier, étoit étrangere au sieur de Godeheu ; on voit par son Interrogatoire qu'il dit avoir adressé au sieur Chevreau un paquet contenant une Lettre de Change, des billets, & reconnoissances pour servir de sûreté au sieur Tixier au sujet d'une convention, negociation & marché que Bellon avoit fait avec le sieur Tixier ; Bellon ne parle point du sieur de Godeheu qu'il reconnoît cependant dans ce même Interrogatoire son légitime Créancier, & qu'il n'auroit pas declaré tel, s'il eut été son garand des marchés faits avec le sieur Tixier.

Bellon qui sent à merveille qu'il n'a ni titres, ni commencement de preuve par écrit, abandonne son prétendu commencement de preuve par écrit, en disant que le texte de l'Ordonnance n'a point d'application dans les négociations de la place, que comme elles sont souvent verbales, le Bureau en ordonne tous les jours la preuve par témoins: La preuve, dit-il, des marchez qui se font dans les foires est reçûë par la déposition des témoins, ce sont des exceptions qui facilitent le commerce, & dont la bonne foy est l'ame.

Le sieur de Godeheu répond que la Jurisprudence du Bureau est conforme à celle des autres Tribunaux, que jamais il n'a admis aucune preuve testimoniale en matiere de négociations, sans un commencement de preuve par écrit, ce Tribunal loin d'étendre l'exception de la Loy aux négociations, l'a toûjours restrainte, à moins que le commencement de preuve par écrit n'annonce déja la mauvaise foi de la Partie, contre laquelle on demande à faire preuve.

Ce n'est point au Bureau seulement que Bellon avoit demandé à faire preuve par témoins, il l'avoit demandé au Châtelet & au Parlement, en l'un & en l'autre Tribunal sa demande a été rejettée, il n'est pas à

présumer

présumer que le Bureau le traite plus favorablement.

Bellon semblable à ces animaux qui infectent tout ce qu'ils touchent; sentant toute sa force de l'induction que le sieur de Godeheu tire de sa Lettre, qui prouve qu'il n'a eu aucune connoissance de l'affaire du sieur Tixier, dit avec une effronterie digne de lui, qu'il ne l'a écrite qu'à la sollicitation du sieur de Godeheu. Bellon étoit détenu prisonnier lorsqu'il a écrit au sieur de Godeheu, il n'y avoit entr'eux aucune correspondance, le sieur de Godeheu ne lui a pas rendu une seule visite, peut-on présumer que par le canal d'une tierce personne le sieur de Godeheu l'ait engagé d'écrire contre la verité; il faut être réduit à une grande extrêmité pour avancer des faits aussi peu vrai-semblables.

Bellon pour se soustraire au payement de son engagement de 10400. liv. fait un calcul à sa mode: il convient, dit-il, déduire sur ces 10400. liv. la Lettre de Change de 3600. liv. qui lui a été payée, déduire pareillement le prix de l'acquisition des billets de Lotterie, au moyen de quoi il ne reste plus dû au Sieur de Godeheu que 2500. liv. & cette somme se trouve compensée avec partie des benefices de la societé.

Il est vrai que sur les 10400 liv. dûs par Bellon, le Sieur de Godeheu a déduit 3600. pour la Lettre de Change du Sieur Rocques qui a été acquittée; mais il ne sçait ce que Bellon veut dire, lorsqu'il demande qu'on fasse déduction du prix des billets de la Lotterie: il faudroit pour cela qu'ils eussent tourné au profit du Sieur de Godeheu, & ils ont servi de nantissement pour le marché fait par Bellon avec le Sieur Tixier qui ne le regarde point, à l'égard de l'imputation demandée à compte de la societé, comme il n'y en a jamais eu entr'eux, Bellon doit s'attendre à une condamnation & par corps de la somme de 6800. liv. à laquelle le Sieur de Godeheu a réduit son engagement.

Bellon dit, qu'outre les trente-six rivets déposez ès mains du sieur Chevreau qui lui appartenoient, le sieur de Godeheu avoit à lui soixante-sept souscriptions de 1000. liv. chacune avant le tems de son évasion: il est vrai, dit il, que le sieur de Godeheu avoit donné à son acquit 300. liv. sur ces effets; mais il lui restoit entre les mains une somme plus que suffisante pour le payer.

Le contraire de ce que Bellon avance, est prouvé par les propres termes de la Lettre qu'il écrivit du Fort-l'Evêque le 21. Janvier 1728. dans cette Lettre Bellon dit que le sieur Dulaurens a 68000. liv de souscriptions de la Compagnie des Indes en nantissement d'une somme de 600. liv. qu'il lui doit, preuve évidente que Bellon pour calmer le sieur de Godeheu qui vouloit le poursuivre, ne lui a remis les souscriptions que depuis sa sortie des prisons, le sieur de Godeheu ne les avoit donc point avant que Bellon lui eût emporté son argent.

Ce n'a point été, dit Bellon, par une facilité que le sieur de Godeheu lui a donné le Certificat de vingt actions, ç'a été une suite de leur intelligence & un acte necessaire, la prime étoit sous le nom de Bellon, le sieur Pechier Agent de change l'avoit sommé de le remettre, il falloit donc qu'il le confiât à Bellon; mais cela, continuë Bellon, prouve les négociations que le sieur de Godeheu faisoit sous le nom de Bellon, & démontre en même tems la dissimulation du sieur de Godeheu, qui a dit que la remise du Certificat est une facilité & une confiance qu'il a eu mal à-propos pour Bellon.

Le sieur de Godeheu répond qu'il n'a jamais dit que la prime de vingt actions n'ait point été faite sous le nom de Bellon, il n'en a pas même été question; mais quoique la prime ait été faite sous son nom, cela n'a pas empêché que Bellon la prime faite, n'ait remis au sieur de Godeheu le Certificat de dépôt du sieur Nicolas, il pouvoit par lui-même sans le ministere de Bellon consommer à l'écheance cette affaire avec le sieur Peschier, ou le Porteur, le concours de Bellon étoit inutile, & le sieur de Godeheu ne lui a remis ce Certificat pour en toucher le produit, que parce qu'il ne le croyoit pas capable de lui enlever son bien, comme il a fait, il n'y a donc rien dans la conduite du sieur de Godeheu qui ressente la dissimulation. Dans celle de Bellon tout y est rempli d'artifice, son langage conforme à ses sentimens, est un tissu d'impostures & de calomnies, à la faveur desquelles il a crû rendre odieux le sieur de Godeheu, il ne s'est porté à ces extrêmitez, que parce qu'il n'a ni honneur ni fortune à risquer, & qu'il est assez aveugle de se flatter de l'impunité; mais nous vivons sous la protection de Loix qui fournissent aux Magistrats attentifs au bon ordre, les moyens de punir séverement ceux qui ne se contiennent pas dans les bornes d'une legitime défense; de quel œil le Tribunal suprême où l'Instance est pendante, verra-t'on l'horrible déclamation de Bellon, qui n'a pour objet que de satifaire sa vengeance? Quelque soit la punition qu'il puisse prononcer contre cet insigne calomniateur, elle sera toûjours infiniment audessous des peines qu'il merite, parce qu'il ne peut prononcer que des condamnations civiles; mais que Bellon ne se flatte pas pour cela que ses injures échapent à la vindicte publique, & à l'action que le sieur de Godeheu est en droit de reprendre, resultante de sa plainte qui est dans son entier. Le sieur de Godeheu sçait les moyens, lorsque le Bureau aura décidé ce qui est soumis à sa Jurisdiction, de le traduire devant des Juges qui seront en état d'infliger contre lui les peines que meritent son vol caracterisé, & les impostures répanduës dans ses écritures.

Bellon a assez de bassesse pour convenir qu'il a violé les droits de l'amitié qu'il devoit au sieur Rocques, pour l'engager à vendre sa maison à vil prix au sieur de Godeheu; on comprend aisément quel peut être le caractere d'un homme qui s'avouë coupable d'un tel crime pour le partager avec un autre. Le sieur de Godeheu a prouvé au Procès, qu'ayant payé la totalité d'un transport qui a donné lieu à l'acquisition de cette maison, le sieur Rocques n'en pouvoit tirer d'avantage en traitant avec un autre; ainsi de la confession de Bellon, il ne resulte autre chose, sinon qu'il est capable d'être un ami perfide, & que le sieur de Godeheu est un Acquereur de bonne foy.

Bellon pour insinuer que la négociation par lui faite avec le sieur Tixiér étoit connuë du sieur de Godeheu, dit que ce dernier a soûtenu que les billets de la Lotterie composée remis en nantissement étoient à lui; c'est une fausseté qui révolte, le sieur de Godeheu s'est récrié sur l'impudence de Bellon, qui après être convenu dans son Interrogatoire les avoir achetez des deniers du sieur de Godeheu, a l'audace de les lui demander; mais il ne sçauroit prouver l'impossible, c'est-à-dire, que le sieur de Godeheu l'ait chargé de les acheter, ni de les déposer.

Bellon dit qu'il n'a reçû du Certificat de vingt actions que 7800. liv. 1°. parce qu'il y a eu à déduire 120. liv. de prime par action, ce qui fait une diminution de 2400. liv. 2°. parce qu'il y a 200. liv. pour les diminutions arrivées aux actions.

Le Bureau est supplié de donner toute son attention à cet article, parce qu'il fournit contre Bellon une preuve complette de son infidelité & de sa friponnerie.

Bellon faiſoit une reconnoiſſance à celui qui donnoit à prime plus forte que l'engagement qu'il faiſoit avec le preneur, il commençoit par mettre une partie de l'argent en poche, & lors de l'écheance de l'engagement, il venoit dire que le preneur vouloit payer & retirer les actions du dépôt, cette manœuvre de Bellon étant venuë à la connoiſſance de la Compagnie des Indes, elle fit un reglement portant que dans le billet de dépôt, on ſpecifieroit la ſomme qui devoit être payée par celui qui prendroit les actions à prime, ce qu'on ne faiſoit point auparavant.

Il eſt conſtant que Bellon s'eſt engagé envers le Sieur de Godeheu en 10400. livres pour 20. actions données à prime: Bellon donna ces actions à 720. livres qui compoſoient une ſomme de 14400. livres, ſur laquelle il falloit déduire la prime de 125. livres par action en argent: ce qui compoſe une ſomme de 2500. livres, & 1500. livres pour les dividendes, ces deux ſommes font celle de 4000. livres, laquelle ſomme à prélever ſur celle de 14400. livres, reſte 10400. liv. qui eſt preciſément le montant de l'engagement de Bellon envers le ſieur de Godeheu.

Bellon, comme on vient de le dire, agiſſoit differemment avec celui à qui il donnoit à Prime, & celui pour qui il donnoit; car étant le maître des actions de celui qui les lui donnoit pour faire une prime, il donnoit les mêmes actions à marché ferme, le dépôt étoit toûjours le même: car ſur 14. actions qu'il dépoſoit, le preneur en dépoſoit de ſon côté 6. ce qui faiſoit les 20. actions; après cette opération Bellon venoit au donneur auquel il s'engageoit à prime en argent ſuivant l'ordre qu'il avoit, Bellon avoit ſes vûës, ſi l'action tomboit, les 20. actions ſe trouvoienr au dépôt, & le donneur ſe trouvoit rempli, quoique Bellon eût mis 6. actions dans ſa poche: L'engagement que Bellon a fait avec le ſieur Chabert pour la prime en queſtion de 20. actions, juſtifie ce fait; il s'eſt engagé envers lui à 7980. liv. parce que c'étoit un marché ferme, il s'eſt engagé envers le Sieur de Godeheu en 10400. liv. parce que c'étoit une prime en argent, cependant c'étoit toûjours les mêmes 20. actions.

Il eſt donc évident que le ſieur de Godeheu doit être payé des 10400. liv. ſuivant l'engagement de Bellon, quoique l'engagement qu'il avoit fait avec le ſieur Chabert, ne fût que de 7980. livres, ce qui fait une difference de 2420. livres, que Bellon avoit miſes dans ſa poche; ce fait décíſif de la mauvaiſe foy de Bellon eſt juſtifié par la reconnoiſſance faite par Bellon au ſieur de Godeheu, & par le billet d'engagement de Bellon au ſieur Chabert; cette derniere piece, laquelle eſt jointe au Procès & ci-après imprimée, a été remiſe au ſieur de Godeheu par Bellon même, pour lui donner un Titre juſtificatif de ſa créance, & pour ſuſpendre l'effet des pourſuites que le ſieur de Godeheu étoit prêt d'exercer contre lui ſur la plainte qu'il avoit renduë.

Le Seur de Godeheu a joint pareillement à ſa production l'extrait du Livre journal du ſieur Chabert cy-après imprimé, par lequel il paroît qu'au lieu par Bellon d'avoir acheté 20. actions, il n'en avoit acheté que 14. qu'ainſi il avoit gardé l'argent des 6. autres actions.

Après cette démonſtration, que deviendra la prétention de Bellon, lorſqu'il a la hardieſſe de ſoûtenir qu'on doit déduire ſur ſon engagement 2400. livres?

Le ſieur Mouret informé du Procès d'entre le ſieur de Godeheu & Bellon, a écrit au ſieur de Godeheu que ſe trouvant la victime de la cupidité & de la friponnerie de Bellon dans un cas pareil, ſon intention étoit de se joindre à lui pour le faire punir ; il lui a envoyé deux Pieces qui sont produites ; à l'inspection de ces Pieces on voit que Bellon avoit fait un engagement de 2800. liv. pour prime en argent, tandis que le sieur Coppin avec lequel il avoit fait un marché de quatre actions, ne devoit payer que 2100. liv. Bellon s'étoit emparé d'une action ; & au lieu de faire une prime en argent, il avoit donné à marché ferme ; on voit qu'il y a une difference de 700. liv. entre l'engagement de Bellon & sa declaration dont il a profité.

Cette foule de preuves qui démontrent tout : la mauvaise foi de Bellon, devoit bien lui ouvrir les yeux, l'engager à se desister des injustes prétentions qu'il avoit osé hazarder, & à prendre des mesures pour calmer un Créancier qu'il avoit osé traitter si indignement : au lieu de prendre un parti aussi sage, il s'est livré à tout ce que le desespoir peut suggerer à un Plaideur temeraire. Non content d'avoir rempli ses écritures de tout ce que la malice, le mensonge, la calomnie, & l'imposture lui ont pû suggerer, il n'a pas crû que ce fût assez pour lui qu'elles fussent sous les yeux de ses Juges, il a voulu les rendre publiques par une Requête imprimée qu'il a distribuée.

Comme cet ouvrage n'est qu'une répétition de ce qu'il a écrit dans le cours du Procès, le Sieur de Godeheu y a répondu par avance.

Le Sr. de Godeheu se contentera donc de faire quelques réflexions sur les articles qui meriteront quelque attention.

Bellon se dit fils d'un bon bourgeois d'Avignon ; il a, dit-il, exercé dans cette Ville avec honneur les Charges de Greffier & de Notaire Apostolique ; le systeme lui ayant enlevé son patrimoine, il s'est livré au commerce de papier, quelques negociations utiles qu'il a faites pour le Sieur de Godeheu ont gagné sa confiance, il a voulu l'avoir tout entier, & l'a eu en effet dès l'année 1724.

Le Sieur de Godeheu sçait que Bellon est étranger, & qu'en cette qualité il auroit été en droit de lui faire refuser toute Audiance jusqu'à ce qu'il eût satisfait à la caution de *judicatum solvi* ; mais il n'a pas voulu fournir à son ennemi des armes pour éloigner le jugement d'une affaire, dont il a tant d'interêt de voir la fin.

Si Bellon a été honnête homme à Avignon, ce qu'on ignore, on peut dire qu'il n'a rien apporté avec lui qui approche de ce caractere, & ce seroit lui rendre un service signalé, que de le renvoyer dans sa Patrie pour y retrouver la candeur qu'il y a laissée.

Comment Bellon peut-il dire que le Sieur de Godeheu se l'est attaché tout entier depuis 1724. lorsque par sa Requête presentée au Sieur Lieutenant Criminel, produite au Procès ; il dit *que les menaces & les injures du Sieur de Godeheu lui font un tort considerable, en ce que cela lui ôte le credit qu'il avoit, & la confiance de bien des Negocians, avec lesquels il a fait des affaires pour des sommes considerables.* Parler de la sorte, c'est convenir que les negociations que Bellon a faites, ne sont point pour le compte du Sieur de Godeheu ; d'où l'on doit conclure que c'est une fausseté évidente de dire que le sieur de Godeheu se l'est attaché tout entier, que toutes les negociations qu'il a faites, étoient pour son compte, enfin qu'il étoit son Associé.

On a observé cy-devant que c'est une illusion de dire, que le Sieur de Godeheu lui a suggeré les Lettres concluantes qu'il a écrites de sa prison, par lesquelles il est dit que le Sieur de Godeheu ignore la negociation faite

faite avec le sieur Tixier, s'il restoit encore quelque soupçon sur cet article (ce qu'on ne presume pas) il n'y a qu'à jetter les yeux sur la Lettre par lui écrite deMortagne au sieur Rocques un mois après son évasion, & sur l'Interrogatoire par lui subi à la requête dudit sieur Rocques; par lesquels il se reconnoît debiteur en vertu d'un titre certain, il déclare avoir employé les fonds du sieur de Godeheu pour ses affaires particulieres, il ne dit pas un seul mot de la prétenduë negociation faite avec le sieur Tixier dont il n'auroit pas manqué de parler, si réellement elle avoit été faite pour son compte. Bellon ne dira pas que le sieur de Godeheu la engagé de répondre à l'Interogatoire, ni d'écrire de la sorte au sieur Rocques; puisqu'il le prie de lui communiquer sa Lettre, & que le sieur Roques lors de l'Interogatoire de Bellon, étoit en procès avec le sieur de Godeheu au sujet de la Lettre de Change à lui remise par ledit Bellon: une réflexion bien simple se presente ici. Bellon auroit-il remis cette Lettre de Change au sieur de Godeheu comme à son legitime créancier, après l'avoir même envoyée au sieur Chevreau en nantissement de l'affaire du sieur Tixier, s'il eut prétendu contre lui une garentie par rapport à la même affaire?

Bellon reproche au Sieur de Godeheu d'être fils d'un Mercier de Roüen, d'avoir épousé une femme des biens de laquelle il a profité au préjudice de ses heritiers; qu'il est riche; mais que les richesses acquises avec précipitation sont rarement acquises sans injustice, qu'il lui a prêté son nom pour une infinité de négociations.

La famille du Sieur de Godeheu est connuë, il tiendra toûjours à honneur d'être sorti des meilleurs Négocians de la Ville de Roüen, dont la conduite a toûjours été irreprochable; il a soûtenu les droits de sa femme contre des heritiers qui la vouloient dépoüiller de son bien. Où est le crime? Lorsqu'il a transferé son domicile à Paris, il y est venu dans une scituation à pouvoir y vivre honorablement comme il a toûjours vêcu, s'il a conservé sa fortune, ce n'a été que par des voyes permises & non pas par des injustices comme Bellon ose le soûtenir, il convient d'avoir fait une prime sous le nom de Bellon, dont il lui a emporté le produit, si les primes sont permises par les Arrests, le sieur de Godeheu en a pû faire une; mais il ne s'ensuit pas de là que les négociations d'usure que Bellon dit avoir faites ayent été pour son compte.

Bellon, qui ne sçait rougir de rien, quelques faits qu'il avance, dit que si le Châtelet & le Parlement, se sont determinés à lui réfuser la réparation qu'il demandoit de ce que le sieur de Godeheu l'avoit appellé fripon; c'est que ces Tribunaux ont vû que les parties s'étoient reconciliées. Quand on a une mauvaise cause à deffendre, dans quelles absurdités on est obligé de tomber pour la soûtenir? Car enfin si les Parties s'étoient reconciliées, il n'y auroit point eu de Jugemens, Bellon auroit abandonné ses démandes en réparation d'honneur, & n'auroit point obligé le sieur de Godeheu à le faire débouter de ses prétentions, avec amende & dépens.

L'histoire que Bellon fait du prest qu'il fit le 24. Juillet 1725. de cent six dividendes au sieur Tixier, effets appartenans, dit-il, au sieur Godeheu, son voyage à Orleans, le pretexte qu'il donne à sa fuite n'est qu'une fable grossierement imaginée, & qui ne merite aucune réponse.

Bellon dit, que le sieur de Godeheu a mauvaise grace de l'appeller voleur & d'avoir donné ſa plainte contre lui, il convient lui avoir emporté un Certificat de vingt Actions; mais il dit en même tems qu'il lui avoit donné ſa reconnoiſſance, que les vingt Actions appartenoient au ſieur de Godeheu, qu'au moyen de cette reconnoiſſance, il avoit par devers lui un titre qui condamne la voye extraordinaire, il pouvoit le pourſuivre civilement; mais on n'a jamais imaginé qu'un homme qui fait ſon billet, ſon engagement, ſa reconnoiſſance, ait volé la ſomme qui lui a été donnée ſur cette reconnoiſſance.

Le fait avancé par Bellon eſt dementi par la piéce même à qui il donne le nom de reconnoiſſance, laquelle eſt ci-après imprimée, cette piéce n'eſt autre choſe qu'une declaration du 6. May 1726. jour de ſon engagement avec le Sieur Chabert. Par cet acte il déclare que les vingt actions qu'il a données à prime le 6. May 1726. appartiennent au Sieur de Godeheu, & qu'il lui a remis en conſequence, le certificat de dépôt de 20. Actions du ſieur Nicolas, lequel le ſieur de Godeheu ſeroit tenu de remettre au porteur de ſon engagement en lui payant 10400. liv. contenues audit engagement, de là il reſulte que ſi Bellon en faiſant la déclaration cy-deſſus le 6. May 1726. a remis en même-tems au ſieur de Godeheu le certificat de dépôt du ſieur Nicolas, il eſt prouvé évidemment qu'il n'a point donné de reconnoiſſance au ſieur de Godeheu le 11. Septembre 1726. jour que le ſieur de Godeheu lui confia le Recepiſſé de 20. actions qu'il a emporté, & ſans l'action criminelle que le ſieur de Godeheu a intentée contre Bellon du vol qu'il lui faiſoit, ſans ſon aveu formel inſeré dans la Requête preſentée par Bellon au Sieur Lieutenant Criminel, dans laquelle il demande à prouver l'emploi qu'il a fait des 10400. liv. emportées au ſieur de Godeheu ainſi que par ſon interrogatoire & par ſes lettres, le ſieur de Godeheu n'auroit point eu d'action perſonnelle contre lui.

Le ſieur de Godeheu ne s'arrête pas à refuter les calculs que Bellon fait à ſa mode au ſujet de cette prime, le ſieur de Godeheu les a faits cy-deſſus conformément aux titres qu'il repreſente & qui ne peuvent être détruits que par d'autres de même eſpece; en un mot le ſieur Godeheu a un titre de 10400. liv. avoué par Bellon, il faut neceſſairement qu'il l'acquitte & tous les raiſonnemens du monde n'y ſçauroient donner atteinte.

Bellon ſe donne la torture pour parer les inductions qu'on a tirées de ſon Interrogatoire, il le commente à ſa fantaiſie, le ſieur de Godeheu ne le ſuivra point dans ſes raiſonnemens, il prie ſeulement ceux qui voudront bien lire ſon Memoire, de jetter les yeux ſur cette piece qui eſt ci-après imprimée, elle parle d'elle-même, les termes ne ſont point équivoques; c'eſt ſur la lecture de cette piece que le Châtelet & le Parlement l'ont débouté de ſes demandes en réparation, on y découvre un vol prémedité & caracteriſé dans toutes ſes circonſtances.

A l'égard de la preuve teſtimoniale dans laquelle Bellon inſiſte, on a démontré qu'il n'y avoit pas lieu de la lui accorder.

Reſte preſentement à répondre à l'intervention du ſieur Tixier.

L'intervention du ſieur Tixier étant auſſi mal fondée que la demande de Bellon, elles n'auront pas plus de ſuccès l'une que l'autre, Bellon plaide ſur des diſcours en l'air, ſur des allegations frivolles, & ce ſont ces mêmes ſuppoſitions, c'eſt-à-dire, les declarations de Bellon ſans titres, démenties par ſon aveu formel, & par ſes propres écrits, qui déterminent l'action du ſieur Tixier.

Le ſieur Tixier a crû que tout étant ſuſpect dans la bouche de Bellon, il ſeroit écouté plus favorablement que lui ; c'eſt dans cet eſprit qu'il a donné ſa Requête d'intervention, qu'il a répandu un Ecrit imprimé & non ſignifié, & qu'il a conclû contre le Sieur de Godeheu, comme s'il étoit en droit de demander quelque choſe.

Le Sieur de Godeheu n'a fait aucunes affaires avec le ſieur Tixier : par conſéquent il ne lui doit rien; ſi Bellon a fait avec lui des negociations, que pour raiſon d'icelles il ait obtenu contre lui des condamnations, il peut le faire payer : mais parce que Bellon doit au ſieur Tixier, il ne s'enſuit pas que le Sieur de Godeheu doive l'acquiter.

Le ſieur Tixier n'a de droit contre le Sieur de Godeheu, que celui qui émane de Bellon : on vient de faire voir que Bellon n'en a aucun, qu'au contraire le Sieur de Godeheu a contre lui l'action civile & criminelle pour la reſtitution de 6800. livres qu'il lui a volés ; ainſi le ſieur Tixier ne ſçauroit retirer de ſon intervention, que le chagrin de voir ſon nom auprès de celui du plus infidéle, du plus perfide & du plus artificieux de tous les hommes.

En bonne foi le ſieur Tixier peut-il être aſſez credule de s'imaginer que la demande en garentie, à laquelle il conclud contre le Sieur de Godeheu puiſſe faire plus d'impreſſion, que celle de Bellon? Le Sr. Tixier declare dans ſon Ecrit imprimé, non ſignifié, que n'ayant point de Titre, & n'ayant pû tirer aucun éclairciſſement de Bellon pendant le cours du Procès jugé en 1727. il n'avoit pas jugé à propos de pourſuivre le Sieur de Godeheu, mais qu'auſſitôt qu'il avoit été informé de leur diſcution, il eſt intervenu en l'inſtance ; c'eſt donc du propre aveu du ſieur Tixier la declaration de Bellon qui a déterminé ſon action, & conſéquemment de Bellon qu'il tire ſon prétendu droit.

Que le ſieur Tixier ne diſe point qu'il a eu trente ans du jour de la negociation faite avec Bellon, pour diriger ſa demande contre le Sieur de Godeheu : car pour avoir une action contre quelqu'un, il faut avoir un Titre contre lui : or le ſieur Tixier n'en a aucun contre le ſieur de Godeheu, & tous les droits qu'il prétend exercer contre Bellon, ne peuvent y ſuppléer.

Ces principes poſés, qui ſont certainement dictés par les regles de l'équité naturelle & du bon ſens, que deviendra la demande du ſieur Tixier ? Il faut d'abord écarter les negociations faites par le ſieur Tixier avec Bellon ? elles ſont abſolument étrangeres au Sieur de Godeheu, & n'ont pû autoriſer les injures gratuites auſquelles elles ont donné lieu : le Sieur de Godeheu ignore abſolument ce qui s'eſt paſſé entre le ſieur Tixier & Bellon : & à cet égard il emploïe contre le ſieur Tixier tout ce qu'il a dit, écrit, & produit contre Bellon.

Mais, ſelon le ſieur Tixier, les Lettres écrites par Bellon au ſieur de Godeheu les 21. Janvier & 26. Février 1728. ſont l'ouvrage de la fraude, elles ont été concertées entre Bellon & le Sieur de Godeheu.

Cette allegation trivialle eſt dénuée de vrai-ſemblance ; car pour engager Bellon à écrire de la ſorte, il auroit fallu que le Sieur de Godeheu lui eût tracé le plan qu'il devoit ſuivre, ou verbalement, ou par écrit, le Sieur de Godeheu n'à point parlé à Bellon pendant tout le tems de ſa détention, il ne lui a point écrit : comment donc le Sieur Tixier veut-il que les Lettres en queſtion lui ayent été ſuggerées par le Sieur de Godeheu ? Le Sieur Tixier a ſenti combien ces Lettres étoient concluantes, &

qu'elles renverſoient totalement ſon ſyſtême ; il falloit les combattre, il n'a point trouvé d'autre moyen que d'emprunter la malignité de Bellon pour ſe tirer d'affaire, il n'a eu garde de parler de l'Interrogatoire de Bellon, ni de la Lettre écrite de Mortagne par Bellon au Sieur Rocques, parce qu'il n'a rien à oppoſer à ces deux pieces qui forment une démonſtration complette de l'injuſtice de ſes prétentions.

En effet, s'il étoit poſſible de croire, comme non, que les Lettres écrites par Bellon du Fort-l'Evêque lui euſſent été ſuggerées par le Sieur de Godeheu : certainement il ne peut tomber aucun ſoupçon ſur la Lettre écrite au Sieur Roques par Bellon un mois après ſa fuite, on ne peut pas dire que le Sieur de Godeheu l'a excité à l'écrire, puiſqu'il ſupplie très-inſtamment le Sieur Rocques de la lui communiquer.

L'Interrogatoire de Bellon eſt au moins auſſi concluant & auſſi exempt de ſoupçon que la Lettre écrite de Mortagne, puiſque Bellon l'a ſubi à la Requête du Sieur Rocques, avec lequel le Sieur de Godeheu étoit alors en Procès pour le payement de la Lettre de Change de 3600. liv. que Bellon lui avoit remiſe comme ayant été payée des deniers qu'il lui avoit emportez.

Mais, dit le Sieur Tixier, on rapporte une Lettre de Bellon du 23. Septembre 1726. écrite par Bellon au Sieur Chevreau contre le Sieur de Godeheu, & il eſt conſtant que cette Lettre n'eſt point d'une époque ſuſpecte.

On répond en premier lieu, que cette Lettre n'établit en façon quelconque la garentie contre le Sieur de Godeheu. 2°. Bellon a pû écrire tout ce qu'il a voulu pour ſe fabriquer des armes. C'eſt, *res inter alios acta quæ alteri non nocet ;* & tant qu'on ne produira rien du fait du Sieur de Godeheu, tous les diſcours du monde ne ſçauroient lui cauſer le moindre préjudice,

Le Sieur de Godeheu eſt même ici en état de prendre droit par l'Interrogatoire de Bellon.

*Bellon interrogé art. 21. quelles affaires il avoit avec le Sieur de Godeheu, qui l'ont pû déterminer à marquer au Sieur Rocques par une de ſes Lettres, qu'il a expoſé ſa réputation pour ſauver celle du Sieur de Godeheu, ce qu'il lui dira tête à tête quand il le verra.*

*A répondu que cela ne regarde point le Sr. Rocques, & qu'il n'eſt point memoratif à quel propos il peut la lui avoir écrite.*

*Art. 36. interrogé s'il n'eſt pas vrai qu'il a dit à pluſieurs perſonnes, & qu'il a écrit au Sieur Rocques qu'il avoit expoſé ſa réputation pour ſauver celle du Sieur de Godeheu.*

*A répondu qu'il n'eſt point memoratif de ce qu'il peut avoir écrit contre le Sieur de Godeheu, ni à quel propos il peut avoir appliqué ces termes.*

Après des declarations ſi préciſes, le Sieur Tixier ne devoit pas être aſſez vain, de croire que ſa preſence dans la cauſe pourroit lui donner une autre face, il devoit ſe ſouvenir que pendant le cours du Procès jugé le premier Avril 1727. entre lui & Bellon, il étoit porteur de la même Lettre dont il prétend aujourd'hui tirer avantage, qu'a dit alors Bellon, qu'a répondu le Sieur Tixier ? Bellon s'eſt récrié dans les termes les plus forts, ſur ce qu'on avoit mal à propos compromis le nom du Sieur de Godeheu dans cette affaire, declarant qu'il y étoit totalement étranger, le Sieur Tixier n'inſiſta point alors, & il reconnut qu'il n'étoit

point

point en état d'appeller le Sieur de Godeheu en garentie, ce qu'il n'auroit pas manqué de faire s'il s'y étoit trouvé fondé avant le jugement du premier Avril qu'il a fait rendre contre Bellon.

Le Sieur Tixier veut encore faire naître une induction ridicule de l'Acte du 26. May 1726. par lequel, dit-il, Bellon reconnoît qu'il prêtoit son nom au Sieur de Godeheu dans une négociation qu'il avoit faite avec le Sieur Chabert; il est donc constant, ajoûte le Sieur Tixier, que non seulement Bellon étoit l'homme de confiance du Sieur de Godeheu dans ses négociations; mais encore que celle dont il s'agit regarde personnellement le Sieur de Godeheu; ainsi nulle difficulté de l'admettre à la preuve testimoniale.

L'on ne croit pas que personne se soit avisé de proposer un pareil sophisme. Quoi? Parce que le Sieur Tixier a trouvé que Bellon avoit fait une prime avec le Sieur Chabert pour le compte du Sieur de Godeheu, il en conclura que la négociation qu'il a faite avec Bellon regarde le Sieur de Godeheu. Quel rapport cette prime a-t'elle avec la négociation de Bellon & du Sieur Tixier, l'on pourroit retorquer contre le Sieur Tixier son même argument, & dire, vous convenez que Bellon a fait pour vous une négociation, un tel aveu de vôtre part prouve que Bellon étoit vôtre homme de confiance dans vos négociations d'actions. J'ai fait une prime par le canal de Bellon, dont il m'a volé le produit montant à 10400. liv. Je n'ai point de titre contre vous pour établir que vous ayez participé à ce vol, mais comme il est prouvé par vôtre propre aveu que Bellon étoit vôtre homme de confiance, je prétend par là prouver qu'il m'a volé de concert avec vous, & je demande d'en faire la preuve par témoins.

L'on sent le ridicule de ce raisonnement; cependant il est vrai de dire que le Sieur de Godeheu y seroit mieux fondé que le sieur Tixier, puisque Bellon convient art. 11. 14. 15. & 16. de son Interrógatoire, que le jour qu'il emporta les 10400. liv. appartenans au sieur de Godeheu, il en acheta six billets de Lotterie, pour envoyer au sieur Chevreau en nantissement de l'affaire du sieur Tixier, ces billets ont donc été achetez de l'argent du sieur de Godeheu, le sieur Tixier en a touché le produit; ainsi dans l'espece de la cause bien loin que le sieur de Godeheu pût être condamné à la garentie envers le sieur Tixier; le sieur Tixier au contraire devroit être condamné à la restitution de l'argent qu'il a touché de la vente d'effets achetez avec le bien du sieur de Godeheu.

Le sieur Tixier dit que le sieur de Godeheu est forcé d'avoüer dans ses écritures, qu'il ne soupçonne point la conduite du sieur Tixier & que sa probité est connuë. La foi, dit-il, des témoins que j'administrerai n'est pas moins à l'abri de la critique; par consequent il n'y a point de danger à craindre en admettant la preuve demandée.

Le sieur de Godeheu répond que le sieur Tixier lui prête des termes dont il ne s'est point servi, il n'y a qu'à lire la seconde Requête du sieur de Godeheu, on y verra que ce dernier a dit que le sieur Tixier prévoyant que la preuve testimoniale dans la bouche de Bellon seroit rejettée, a cru que n'ayant rien sur sa conduite de reprehensible, que de s'être lié avec un homme tel que Bellon pour favoriser ses injustes desseins, il étoit en droit de demander à faire cette preuve. Parler de la sorte, n'est point faire l'éloge de la probité du sieur Tixier.

Le sieur Tixier prétend que son intervention est très naturelle, qu'au ſurplus ſans le ſecours de cette intervention, il avoit la voye directe pour attaquer le ſieur de Godeheu.

Pour que l'intervention que le ſieur Tixier hazarde aujourd'hui, eut quelque fondement; il auroit fallu que Bellon eût des titres pour exercer ſa garentie contre le ſieur de Godeheu, & que les droits de Bellon par raport à cette garentie euſſent été indubitables. On va plus loin, quand Bellon auroit eu une garentie à exercer contre ſieur de Godeheu, l'intervention du ſieur Tixier ſeroit inſoutenable; parce que ce qui pouroit revenir à Bellon par raport à cette garentie, ſe trouveroit compenſé avec partie de ce que Bellon doit au ſieur de Godeheu par un titre réel, qui opere une condamnation certaine; ainſi cette prétenduë garentie de Bellon, ne pouroit fournir une action au ſieur Tixier pour ſe faire payer par le ſieur de Godeheu, une ſomme qui ſe trouveroit compenſée : il eſt donc vrai de dire que le ſieur Tixier plaide ſans interêt.

A l'égard de l'action directe elle n'eſt pas mieux fondée que l'intervention : pour avoir une action contre quelqu'un, il faut avoir un titre contre lui, le ſieur Tixier n'en a aucun, & toutes les prétentions qu'il a droit d'exercer contre Bellon, ne lui ſçauroient fournir de moyens pour attaquer le ſieur de Godeheu.

Dans ces circonſtances peut-on écouter le ſieur Tixier, lorſqu'il inſiſte à demander la preuve par témoins? c'eſt un homme tout à fait étranger à la conteſtation, qui n'eſt ni en droit de la demander, & qui ne ſçauroit ( quand on la lui accorderoit ) en tirer aucun avantage perſonnel.

Le ſieur Tixier, embaraſſé de répondre à la propoſition qu'on avoit avancée, que tirant ſon droit de Bellon, il n'avoit pas plus de droit que ce dernier, ou pour mieux dire qu'il n'en avoit aucun contre le ſieur de Godeheu, avance un paradoxe, en diſant que loin de tirer ſon droit de Bellon, celui de Bellon émane du ſien.

Pour faire ſentir le ridicule de ce raiſonnement, il n'y a qu'a jetter les yeux ſur l'état du Procès. Bellon au préjudice de la preuve litterale qu'il a fournie contre ſes propres diſcours, diſcours démentis par ſes Lettres, par ſon Interrogatoire, & par ſes écritures lorſqu'il plaidoit contre le ſieur Tixier, par leſquels il eſt démontré que le ſieur de Godeheu, étoit l'homme du monde le plus étranger à l'affaire du ſieur Tixier; oſe aujourd'hui ſoûtenir le contraire, ſur le fondement de cette injuſte prétention, il demande que les condamnations prononcées contre lui au profit du ſieur Tixier retombent ſur le ſieur de Godeheu.

Les choſes étoient en cet état lorſque le ſieur Tixier eſt intervenu, il eſt convenu avoir pris droit par la déclaration de Bellon toute fauſſe qu'elle étoit : c'eſt ſur cette déclaration qu'il a bâti ſon édifice qui tombe par les fondemens, ſi-tôt que Bellon eſt ſans action : le ſieur Tixier a dit que lorſqu'il plaidoit avec Bellon, il ne pouvoit agir contre le ſieur de Godeheu, parce que Bellon n'avoit pas encore fait ſa déclaration; c'eſt donc du propre aveu du ſieur Tixier, la déclaration de Bellon qui détermine ſon intervention, par conſequent de Bellon qu'il tire ſon droit. Or dès que le droit du ſieur Tixier n'eſt fondé que ſur celui de Bellon qui n'en a aucun, il s'enſuit que ni l'un ni l'autre ne ſont point recevables dans la preuve teſtimoniale qu'ils demandent.

1°. Parce qu'il n'y a point de commencement de preuve par écrit

2°. par les taches inherentes à la personne de Bellon dont le sieur Tixier tire son prétendu droit, il n'y auroit pas même lieu de l'admettre à cette preuve, quand il y auroit un commencement de preuve par écrit, quand la conduite de Bellon seroit irreprochable, parce qu'on n'admet point de preuve par témoins contre la preuve litteralle qui se trouve dans les pieces du Procès; preuve fourniе par le fait de la partie même, qui demande la preuve testimoniale.

## DERNIERE REFLEXION.

C'est une fatalité attachée à la condition humaine de se prêter aveuglément à croire le mal, sans l'approfondir; si on vouloit se donner la peine de réflechir, il seroit souvent facile de reconnoître son erreur : on lit avidement un libelle qui par des traits satiriques nous amuse & flate notre penchant : on ne va pas plus loin, on se recrie quelques fois sur la temerité de ceux qui donnent lieu à ces sortes d'ouvrages, & c'est ce qui peut arriver de plus avantageux pour la personne outragée : cependant le poison a pénétré, il laisse une impression fâcheuse, & il ne faut pas moins que l'évidence pour l'effacer.

C'est à cette évidence que le sieur de Godeheu se flatte d'être parvenu dans ce Memoire, il n'a point été à l'abri des discours effrenez qu'on a tenu sur son compte, quoique les loix & les peines quelles prononcent dussent l'en mettre à couvert, il s'est trouvé dans la necessité de repondre, quel langage a-t'il employé ? Celui de la simple verité, accompagnée de la foule de preuves que Bellon a fournies contre lui-même, il a démontré que Bellon étoit sans action, & le Sieur Tixier sans interêt, que les demandes de Bellon soit en qualité d'Agent soit comme Associé, n'étoient pas mieux fondées, qu'elles étoient sans titres & démenties par ses propres écrits, que le sieur Tixier ne pouvant tirer son prétendu droit que de Bellon, & ce dernier n'en ayant aucun & ayant précisement déclaré que le sieur de Godeheu étoit l'homme du monde le plus étranger dans la négociation qu'ils avoient faite ensemble, son intervention portoit à faux, que n'étant ni l'un ni l'autre dans le cas de la preuve testimoniale, sur-tout lorsqu'on oppose la preuve litterale, & par écrit des faits qu'on veut prouver par témoins, il ne leur restoit que la confusion de voir leurs injustes desseins déconcertez, & l'attente d'une condamnation proportionnée à l'insulte gratuite qu'ils ont faite au sieur de Godeheu.

Dans ces circonstances le Sieur de Godeheu conclud contre Bellon à ce qu'il soit débouté de ses demandes, & condamné par corps au payement des 6800. livres restans à payer des 10400. liv. qu'il lui a emportées, avec les interêts & les frais de Contrôle de l'engagement de Bellon qu'il a produit; que toutes les écritures de Bellon & notamment sa Requête imprimée du 3. May 1729. seront supprimées, comme libelles diffamatoires; & qu'il plaise au Bureau le condamner en tels dommages & interêts d'induë vexation, qu'il jugera à propos d'arbitrer, applicables aux pauvres de l'Hôtel-Dieu, sans préjudice de l'action extraordinaire que le Sieur de Godeheu se reserve contre Bellon, avec dépens.

Contre le ſieur Tixier à ce qu'il ſoit débouté, tant de ſon intervention que de la preuve teſtimoniale par lui demandée, & que les injures inſerées dans ſes requêtes, ſeront ſupprimées ainſi que l'écrit imprimé non ſignifié, repandu dans le public par le ſieur Tixier, dans lequel il attribue au ſieur de Godeheu la négociation uſuraire faite entre lui & Bellon, & condamné en tels dommages & interêts que le Bureau jugera à propos, applicables à l'Hôtel-Dieu, & aux dépens.

BUREAU DES ACTIONS.

*Monſieur* LE PELLETIER DE BEAUPRE', *Raporteur.*



Me. BOUGY, Avocat.

De l'Imprimerie de JEAN-BAPTISTE DELESPINE Imprimeur-Libraire ordinaire du Roy, ruë S. Jacques, à S. Paul. 1729.

# *INTERROGATOIRE SUR CHARGES subi pardevant Nous Jean Hubert Conseiller du Roy, Commissaire Enquesteur-Examinateur au Chastelet de Paris.*

A LA REQUESTE du Sieur Germain Rocques Banquier à Paris, Demandeur.

*PAR Jean-Joseph Bellon, Banquier à Paris, Deffendeur.*

SUR le decret d'Ajournement personnel contre lui décerné par Monsieur le Lieutenant Criminel le 8. du présent mois, sur les plaintes & information faites par Me. de la Vergée notre Confrere.

APRE's qu'il nous a eu exhibé & fait apparoir de la signification à lui faite dudit decret, par exploit de Jacques Cartigny Huissier à verge du 12. du present mois, & de l'acte de sa comparution personnelle au Greffe Criminel du 11. signé, LAUDET, avons procedé audit Interrogatoire sur lesdites Charges & Informations à nous à cet effet délivrées au Greffe Criminel, ainsi qu'il ensuit.

*Du Samedy quatorze Décembre mil sept cens vingt-six, neuf heures du matin.*

PREMIEREMENT, l'avons enquis *de ses nom, surnom, âge, qualités, & demeure, & interpellé de prêter serment de dire verité.*

*A dit par serment par lui fait de dire verité,* se nommer Jean-Joseph Bellon; être originaire de la Ville d'Avignon où il a été Notaire & Greffier pendant vingt ans, laquelle Ville d'Avignon il a quittée ainsi que lesdites Charges en l'année mil sept cens quinze, à présent Banquier à Paris, y demeurant rue des Vieux Augustins, Paroisse S. Eustache, & être âgé de quarante-cinq ans.

2. Enquis, *s'il connoît le Sieur Germain Rocques Banquier à Paris, depuis quel tems & à quelle occasion.*

*A dit* qu'il le connoît dès l'année mil sept cens dix-neuf; que lui Répondant est venu de Bretagne à Paris, & que cette connoissance s'est faite à l'Hôtel de Calais rue des Bons Enfans, où le Répondant, ainsi que ledit sieur Rocques, prenoient leur repas.

3. Enquis *de ce que le Répondant a fait à Paris depuis ce tems.*

*A dit* qu'il a fait le commerce du Papier, tant pour son compte, que pour celui des personnes qui l'ont employé.

4. Enquis, *si ledit sieur Rocques ne l'a pas chargé de ses affaires.*

*A dit* qu'il n'a jamais fait les affaires dudit sieur Rocques en aucune façon.

5. Enquis *s'il n'a pas demeuré dans la maison dudit sieur Rocques rue S. Nicaise, dans quel tems il y est entré, & dans quel tems il en est sorti.*

*A dit* que oüi, qu'il y est entré dans la fin du mois de Novembre mil sept cens vingt-cinq, & en est sorti le 11. Septembre dernier.

6. Enquis *si ledit Sieur Rocques logeoit le Répondant gratis, ou si lui Répondant lui a payé le loyer des lieux qu'il a occupés dans sa maison pendant le tems qu'il y a demeuré.*

*A dit* qu'il n'occupoit qu'une chambre au troisiéme que ledit sieur Rocques lui a donné gratis en considération & en reconnoissance du plaisir que lui Répondant lui avoit fait de lui prêter son nom pour l'acceptation d'un transport de la somme de quarante-sept mille cinq cens livres dûe au sieur Rocques par le sieur Simon Bigot ancien Sécrétaire du Roy, ledit transport passé devant Bilheu & son Confrere Notaires à Paris le 2. Aoust 1725. dont le Répondant donna à l'instant une déclaration devant ledit Bilheu comme ledit transport n'étoit que pour faire plaisir audit sieur Rocques, & que le Répondant n'y prétendoit rien.

7. Enquis, *si ledit sieur Rocques ne l'a pas chargé de plusieurs affaires & négociations pour son compte.*

*A dit*, que ledit sieur Rocques étant pressé d'argent il pria le Répondant dans le mois de Décembre dernier mil sept cens vingt-cinq, de vouloir s'obliger au payement d'une somme de trois mille six cens livres, que le sieur Charles Berault Sécrétaire du Roy vouloit bien lui prêter, à quoi le Répondant consentit; au moyen de quoi ledit Sieur Berault prêta audit Sieur Rocques trois mille six cens livres en especes, pour laquelle somme ledit sieur Rocques tira une Lettre de Change sur les sieurs Jonquet & Falaise Banquiers à Lyon, payable au payement d'Aoust de la présente année 1726. audit sieur Berault ou à son ordre; & pour sûreté dudit payement lui Répondant passa acte le 14. dudit mois de Décembre audit sieur Berault devant Dupont & son Confrere Notaires, par lequel il certifia, ladite Lettre de Change véritable, s'obligea en son nom solidairement au payement d'icelle à son échéance, & pour plus de sûreté du payement d'icelle fit transport de pareille somme de trois mille six cens livres à prendre dans les quarante-sept mille cinq cens livres à lui cedées & transportées par ledit sieur Rocques, ainsi qu'il l'a ci-dessus observé; qu'outre ce plaisir qu'il fit audit sieur Rocques, il lui en fit encore un autre dans le même tems, qui fut de lui faire loüer sa maison ruë S. Nicaise au sieur Godeheu Payeur des Rentes du Clergé moyennant le prix & somme de cinq mille livres par an, dont il lui avança deux années au moyen du transport que le Répondant fit audit sieur Godeheu de pareilles dix mille livres dans ladite somme de quarante-sept mille cinq cens livres dûë par le sieur Bigot, & avec stipulation qu'au cas que dans le courant de la présente année 1726. ledit Bigot ne payât pas les dix mille livres, que ledit sieur Godeheu se payeroit par ses mains sur les loyers de ladite maison, & qu'il lui seroit fait raison des interêts au denier vingt jusqu'à l'acquittement d'icelle, d'autant qu'il ne devoit aux termes du bail entrer en possession de la maison dudit sieur Rocques qu'à la saint Remi dernier lors prochain.

8. Enquis, *si à l'échéance de ladite Lettre de Change de trois mille six cens livres que ledit sieur Rocques avoit faite audit sieur Berault, ledit Sr. Rocques ne remit pas à lui Répondant ladite somme de trois mille six cens livres en especes pour aller l'acquitter & faire mettre par ledit sieur Berault son acquit au dos d'icelle, & retirer dudit sieur Berault, avec ladite Lettre de Change, l'acte de transport de trois mille six cens livres que le Répondant avoit fait pour sûreté d'icelle.*

*A dit*, que dans le mois de May dernier le Répondant, à la priere dudit sieur Rocques s'étant entremis pour lui faire vendre sa maison ruë Saint Nicaise au Sieur Godeheu, & ne s'étant pas pû ajuster de prix, s'étant écoulé à cette négociation jusqu'à le fin du mois d'Août sans espérance de rien terminer, & le Répondant voyant le terme de la Lettre de Change approcher, craignant d'être poursuivi solidairement pour le payement d'icelle, pressa & sollicita fortement ledit sieur Rocques de s'arranger pour la payer, qui l'amusa plusieurs jours, & enfin lui dit qu'il ne pouvoit pas trouver un sol, qu'il étoit au désespoir. Le Répondant pour lui faire plaisir & se tirer de l'embarras, lui dit qu'il devoit recevoir de l'argent pour le compte dudit sieur Godeheu, & qu'il s'en serviroit pour acquitter cette Lettre, & effectivement le 11. Septembre dernier le Répondant ayant reçû pour le compte dudit sieur Godeheu une somme de sept mille huit cens livres du sieur Peschet Agent de Change, il alla le même jour & à l'instant trouver ledit sieur Berault, auquel il paya les trois mille cinq cens livres portées en ladite Lettre de Change qu'il retira ainsi que l'acte de transport de pareille somme qu'il lui avoit passé pour sûreté du payement d'icelle; & comme les deniers que le Répondant employoit à l'acquittement de ladite Lettre de Change n'appartenoient point audit sieur Rocques, mais audit sieur Godeheu, le Répondant fit passer par ledit sieur Berault son ordre au profit de lui Répondant, pour par lui le passer au sieur Godeheu, lorsqu'il auroit pû le lui faire accepter, & faire valoir auprès de lui les raisons pressantes qui l'avoient obligé de se servir de son argent pour l'acquittement de cette Lettre, lequel ordre ledit sieur Berault passa ledit jour au profit du Répondant sans garantie; observe le Répondant que sa vûë en acquittant ladite Lettre de Change des deniers dudit sieur de Godeheu, étoit que cela pourroit engager ledit sieur Godeheu à renoüer l'affaire pour l'acquisition de la maison dudit sieur Rocques.

9. Enquis, *s'il n'est pas vrai que lui Répondant ledit jour 11. Septembre disparut & s'absenta.*

*A dit* que oüi; mais que le lendemain 12. il écrivit audit sieur Rocques qu'il avoit acquitté & retiré sa Lettre de Change dudit sieur Berault, & l'acte de transport de pareille somme.

*A lui représenté une lettre signée Bellon dattée du 12. Septembre 1726. sans inscription, interpellé de la reconnoître, & de nous déclarer si c'est pas lui Répondant qui a écrit & signé ladite Lettre, & s'il l'a pas adressée audit sieur Rocques.*

*A dit* qu'il reconnoît ladite Lettre pour l'avoir écrite & signée, & adressée dans une enveloppe audit sieur Rocques; mais qu'il manque à cette Lettre une demie feüille qui y étoit jointe, que ledit sieur Rocques a supprimée, parce que sur cette demie feüille étoit écrit le compte qu'il lui rend de la maniere dont il a acquitté ladite Lettre de change des deniers dudit sieur de Godeheu, qu'il peut être tranquille jusqu'à la fin de l'année aïant eu la précaution de s'en faire passer l'ordre, qu'il n'avoit de sa part passé au profit de personne, & qu'il avoit envoïé avec l'acte de transport au sieur Chevalier de Chevreau avec lequel il avoit quelques affaires.

10. Enquis *dans quel tems il envoya au sieur Chevalier de Chevreau ladite Lettre de change avec le transport, & si dans le temps elle étoit endossée par lui Répondant, & pourquoi il l'envoya audit sieur de Chevreau & non pas audit sieur Roques.*

*A dit* qu'il envoïa ladite Lettre de change sans aucun endossement de sa part, & aussi ledit acte de transport que lui avoit remis ledit sieur Berault audit sieur Chevalier de Chevreau le onze dudit mois de Septembre, pour servir de nantissement en ses mains au sujet d'une convention & négociation qu'il avoit avec le sieur Tixier, & qu'il ne l'envoyât pas audit sieur Rocques, parce qu'il n'étoit pas juste, n'ayant point été acquittée de ses deniers, qu'il la lui remît, n'ayant d'autre objet que de lui faire plaisir, & de lui procurer du temps pour trouver & remplacer cette somme.

A lui représenté *une Lettre signée Bellon, dattée du vingt-six Septembre mil sept cens vingt-six, suscrite à Monsieur, Monsieur Rocques l'aîné, ruë saint Nicaise à Paris. Interpellé de la reconnoître, & de nous déclarer si elle n'est pas écrite & signée de lui Répondant.*

*A dit* qu'il reconnoît ladite Lettre pour être écrite & signée de lui Répondant, & qu'il l'a écrite en réponse d'une que ledit sieur Rocques lui avoit addressée où il lui faisoit plusieurs offres de service.

11. Enquis, *si dans le paquet que le Répondant adressa audit sieur Chevalier de Chevreau, il y avoit pas avec la Lettre de change & l'acte de transport que le Répondant avoit tirée dudit sieur Berault, & l'acte de transport de quarente-sept mille cinq cens livres que ledit sieur Rocques avoit mis sous le nom de lui Répondant.*

*A dit* qu'il n'y avoit dans le paquet que ladite Lettre de change sans endossement de sa part, & l'acte de transport par lui retiré dans lequel est transcrit ledit transport de quarante-sept mille cinq cens livres & des billets & reconnoissances de la Loterie composée de la Compagnie des Indes pour servir de sûreté & nantissement au sieur Tixier, au sujet des marchez que le Répondant avoit fait avec lui, & dont ledit sieur Chevalier de Chevreau étoit dépositaire.

12. Enquis, *si dans la Lettre qu'il écrivit audit sieur Rocques ledit jour douze Septembre dernier, il rendit pas compte de l'employ qu'il avoit fait de l'argent qu'il avoit touché pour ledit sieur de Godeheu, & si ladite Lettre il envoya pas audit sieur Rocques les pieces justificatives qui prouvoient l'employ qu'il avoit fait de l'argent dudit sieur de Godeheu.*

*A dit* que oüi.

13. Enquis, *à combien se montoit la somme qu'il emporta audit sieur de Godeheu.*

*A dit* que la somme qu'il a reçûe pour le compte dudit sieur de Godeheu monte à sept mille huit cens livres.

14. Enquis, *si le jour de son départ il acheta pas du sieur Belu Agent de change plusieurs billets de la Loterie de la Compagnie des Indes.*

*A dit* que oüi qu'il en acheta six à raison de deux cens quatre-vingt livres chacun.

15. Enquis, *s'il est pas vrai que de l'argent dudit sieur de Godeheu il en employa partie au payement de ses dettes, & l'autre partie à l'acquisition de billets de Loterie, & interpellé de nous, déclarer quel usage & employ il a fait des sept mille huit cens livres par lui reçûës pour ledit sieur de Godeheu.*

*A dit* premiérement, qu'il en a employé trois mille six cens livres à payer la Lettre de change dûe par ledit Rocques audit sieur Berault, seize cens quatre-vingt livres en acquisition de six billets de Loterie dudit sieur Belu, & deux mille livres au sieur Taillevin pour terminer & retirer son billet de dix-huit mille livres, & la sentence de condamnation qu'il avoit obtenue contre lui Répondant, montant toutes lesdites sommes à sept mille deux cens quatre-vingt livres; en sorte qu'avec quelques autres petites dettes qu'il paya, il ne lui restoit que dix à onze loüis d'or, observe que quoiqu'il n'ait réellement payé audit Taillevin ledit jour onze Septembre dernier que mille livres; néanmoins il lui donna quittance de la somme de six mille livres, lui ayant à diverses fois quelque temps auparavant payé une somme de mille livres.

16. Enquis, *si lui Répondant a encore entre les mains lesdites Billets de Loterie.*

*A dit* qu'ils sont toujours restez entre les mains dudit sieur Chevalier de Chevreau, attendu que les contestations entre le Répondant & ledit sieur Tixier ne sont point finies.

17. Enquis, *pourquoi le Répondant s'est absenté après avoir emporté l'argent dudit sieur de Godeheu, qu'elles raisons l'y ont obligé.*

*A dit* que c'étoit parce que ne pouvant pas lui remettre l'argent qu'il avoit reçu pour lui, il n'osoit pas s'exposer à paroître devant lui, suivant qu'il l'écrivit audit sieur Rocques par sa Lettre du douze Septembre.

18. Enquis, *pourquoi il a ainsi abusé de la confiance dudit sieur de Godeheu, en disposant de son argent sans sa participation.*

*A dit* que c'est ledit sieur Rocques qui en est la principale cause, puisque la Lettre de change en est le premier motif, & que par cette occasion il a voulu profiter de l'offre avantageuse que lui faisoit le sieur Taillevin.

19. Enquis, *si c'est pas à la sollicitation & aux instances dudit sieur Rocques qu'il est revenu à Paris.*

*A dit* que oüi, & que ledit sieur Rocques lui a écrit trois Lettres très-pressantes pour le déterminer à revenir, avec offres de l'aider à terminer ses affaires.

20. Enquis *s'il est pas vrai qu'il écrivit audit sieur Rocques le trois Octobre dernier, & le pria de ménager son accommodement avec le sieur Godeheu, & de l'engager à prendre les billets de lui Répondant, payables en Mars prochain, pour le montant de ce qu'il lui avoit emporté.*

*A dit* qu'il est vrai qu'il a écrit audit sieur Rocques de ménager son accommodement avec ledit sieur Godeheu, & de l'engager de prendre ses billets payables en Mars prochain, pour ce qu'il pouvoit lui redevoir après avoir compté.

A lui représenté *une Lettre écrite sur trois feüillets signé Bellon, dattée du 3. Octobre 1726. interpellé de la reconnoître & de nous déclarer si c'est pas lui Répondant qui l'a écrite, & signée, & addressée audit sieur Rocques.*

*A dit* qu'il reconnoît ladite Lettre écrite, & signée, & addressée audit sieur Rocques.

A l'instant nous avons paraphé & fait parapher au Répondant lesdites trois Lettres; la premiere, du douze Septembre dernier, la seconde, du vingt-six du même mois, & la troisiéme, du trois Octobre aussi dernier.

21. Enquis *quelles affaires il avoit avec ledit sieur Godeheu, qui ont pû déterminer le Répondant à marquer audit sieur Rocques par une de ses Lettres qu'il a exposé sa réputation pour sauver celle dudit sieur de Godeheu, & qu'il le dira audit sieur de Godeheu tête à tête quand il le verra.*

*A dit* que cela ne regarde point ledit sieur Rocques, & qu'il n'est pas mémoratif à quel propos il peut la lui avoir écrite.

Enquis *dans quel temps le Répondant est revenu à Paris.*

22 *A dit* que c'étoit le treiziéme Octobre dernier.

23 Enquis, *si à son retour il ne retira pas du sieur Chevalier de Chevreau la Lettre de change du sieur Rocques de trois mille six cens livres avec le transport de quarante-sept mille cinq cens livres.*

*A dit* qu'il retira dudit sieur Chevalier de Chevreau en présence dudit sieur Rocques & du sieur Garcin le dix-neuf Octobre dernier ladite Lettre de change avec le transport de pareille somme dudit sieur Berault, & qu'à linstant ledit sieur Rocques promit au Répondant qu'il alloit faire tout son possible pour engager ledit sieur Godeheu à se contenter d'un transport dans les quarante-sept mille cinq cens livres pour le dédommager de sa somme, qui avoit été employée à l'acquittement de ladite Lettre de change.

24 Enquis, *pourquoi il ne remit pas audit sieur Rocques ladite Lettre de change & ledit transport, puisqu'il paroît par les propres Lettres du Répondant que ledit sieur Rocques ne lui devoit rien.*

*A dit* que ledit sieur Rocques ne peut pas disconvenir que cette Lettre de change a été payée des deniers dudit sieur Godeheu; qu'ainsi il falloit ou que le Répondant lui remit la somme ou ladite Lettre, ou que ledit sieur Rocques prit des arrangemens avec lui pour ladite somme à la décharge du Répondant.

25 Enquis, *si ça pas été pour engager ledit sieur Rocques à acquitter en partie ce que le Répondant a emporté audit sieur Godeheu, qu'il lui a refusé de lui remettre ladite Lettre de change & son transport, & si c'est pas à l'occasion du refus dudit sieur Rocques de répondre aux intentions du Répondant, que le Répondant a remis audit sieur Godeheu la Lettre de change de trois mille six cens livres qu'il devoit rendre audit sieur Rocques.*

*A dit* qu'il n'a pu se dispenser de remettre audit sieur Godeheu ladite Lettre de change, comme à lui appartenante, ayant été payée de ses deniers, étant poursuivi par ledit sieur Godeheu & ledit sieur Rocques ne finissant rien.

26 Enquis, *quel jour il a remis ladite Lettre de change audit sieur Godeheu & quel en a été le motif.*

*A dit* qu'il l'a remis le 25. Octobre dernier ledit sieur Rocques n'ayant pû faire valoir ses propositions audit sieur Godeheu, & que le Répondant pria même ledit sieur Godeheu de suspendre ses poursuites encore quelque temps.

27 Enquis, *quelle valeur il en a reçû dudit sieur Godeheu. & si ce fut pas pour le dédommager d'une partie de l'argent qu'il lui avoit emportée.*

*A dit* qu'il n'en a reçû aucune valeur, ne lui en étant point dûë; mais seulement parce qu'elle lui appartenoit, ayant été payée d'une partie de l'argent qu'il avoit reçû pour lui.

28 Enquis, *pourquoi il garda si long-temps cette Lettre de change après l'avoir retirée du sieur Chevalier de Chevreau, & pourquoi il ne la remit audit sieur de Godeheu que le 9. Novembre dernier.*

*A dit* qu'il l'a gardée depuis le 19. Octobre dernier qu'il la retirée dudit sieur Chevreau jusqu'au 25. du même mois qu'il la remit audit sieur Godeheu, que pour faire plaisir audit sieur Rocques qui lui promettoit tous les jours de terminer avec ledit sieur Godeheu, à quoi n'ayant pû parvenir, & le Répondant se voyant menacé de poursuites par ledit sieur Godeheu pour les prévenir, lui remit ladite Lettre.

29 Enquis, *s'il n'est pas vrai que ça été à la priere dudit sieur de Godeheu que lui Répondant lui remit ladite Lettre, & par la crainte des procedures qu'il avoit commencées contre lui.*

*A dit* qu'il ne l'a fait que comme un acte de justice, & pour éviter les justes poursuites que ledit sieur de Godeheu étoit en état, & le menaçoitde faire contre lui.

30 Enquis, *s'il a pas dit audit sieur Rocques que s'il avoit pas remis ladite Lettre de change audit sieur Godeheu, il l'auroit fait pourir en prison, & lui auroit peut-être fait faire son procès.*

*A dit* que oüi.

31 Enquis , *pourquoi il n'a pas négotié cette Lettre de change , puisqu'elle étoit passée à son ordre , & quelle raison il a eüë pour prendre la garentie du cedant & de celui qui devoit l'accepter à Lyon.*

*A dit* que le sieur Berault cédant n'a eu garde de donner sa garentie ; qu'au contraire il a bien stipulé sans garentie, & que si le Répondant s'en est fait passer l'ordre , ça été premierement , parce qu'il en étoit garand , & en second lieu, parce qu'il la payoit des deniers dudit sieur Godeheu , auquel il vouloit conserver le droit , que quant à la négociation , il est trop honnête homme pour negocier un effet qui ne lui appartient point.

32 Enquis *pourquoi étant porteur de cette Lettre de change , il n'en a pas lui-même demandé la valeur audit sieur Rocques , & pourquoi il n'a pas fait faire les diligences en son nom au lieu de les faire faire au nom dudit sieur de Godeheu.*

*A dit* qu'il auroit été en droit de le faire pour en remettre le produit audit sieur Godeheu, puisqu'elle a été payée de ses deniers ; mais qu'il a voulu éviter cette discution avec ledit sieur Rocques par consideration pour lui , étant plus naturel que le légitime Créancier ( puisqu'il a bien voulu le faire ) le fit , que lui.

33 Enquis *pourquoi ayant fait entendre audit sieur Rocques qu'il lui rendroit cette Lettre de change : il lui en a fait demander le payement par ledit sieur de Godeheu*

*A dit* y avoir répondu cy-dessus.

34 Enquis, *s'il a pas dit à plusieurs personnes qu'il n'avoit remis cette Lettre de change audit sieur Godeheu que pour arrêter les poursuites criminelles que ledit sieur Godeheu avoit commencées contre lui , & pour avoir sa liberté.*

*A dit* qu'oüi.

35 Enquis, *si ce n'est pas au sieur Peschier Agent de change qu'il remît le récepissé de vingt actions fait par le sieur Nicolas , que ledit sieur Godeheu lui avoit confié & s'il ne reçût pas dudit sieur Peschier une somme d'argent pour le montant dudit recepissé, & à combien cette somme montoit.*

*A dit* qu'elle se montoit à sept mille huit cens livres , comme il l'a cy-dessus dit.

36 Enquis , *s'il est pas vrai qu'il a dit à plusieurs personnes, & qu'il l'a écrit audit sieur Rocques , qu'il avoit exposé sa réputation pour sauver celle dudit sieur de Godeheu, & pourquoy a-t'il emporté l'argent dudit sieur de Godeheu , & la Lettre de change dudit sieur Rocques , si , lorsqu'il emporta laditte Lettre de change , il avoit dessein de la remettre audit sieur Godeheu.*

*A dit* qu'il n'est point mémoratif de ce qu'il peut avoir écrit contre ledit sieur Godeheu , ni à quel propos il peut avoir appliqué ces termes , qu'à l'égard de son absence , & de ce qu'il a differé la remise de ladite Lettre de change audit sieur Godeheu , il n'a eu d'autre intention, que de procurer un délay audit sieur Rocques pour l'acquitter.

37 Enquis, *s'il doit pas quelques sommes audit sieur Rocques.*

*A dit* que non.

38 Enquis, *si le vingt-neuf Novembre dernier il dit pas à plusieurs personnes qu'il ne remettroit point audit sieur Rocques son transport qu'il n'eût acquitté ladite Lettre de change de trois mille six cens livres.*

*A dit* que oüi.

39 Enquis , *s'il veut croire les temoins qui ont déposé , ou pourront déposer desdits faits.*

*A dit* que oüi , s'ils disent la verité.

Lecture à lui faite du présent Interrogatoire a dit ses réponses contenir verité , y a perseveré , le tout aprés avoir vacqué jusqu'à trois heures sonnées, & a signé en notre minute.

Ensuite est écrit , retiré les trois Lettres paraphées , dattées & énoncées dans le présent Interrogatoire avec l'expedition d'icelui , ce vingt Decembre mil sept cens vingt-six , signé Rocques.

*PREMIERE LETTRE DE BELLON ECRITE au Sieur de Godeheu le 11. Septembre 1726. c'est-à-dire, le jour de son évasion.*

MOnsieur, comme il faut aller chez Monsieur Nicolas, qui ne vient à son Bureau qu'après quatre heures, & que ceux qui ont acheté, veulent avoir leurs Actions en payant, je suis en obligation d'attendre : ain sine vous impatientés pas, d'abord que j'aurai fini, j'irai chez vous. J'ay l'honneur d'être, Monsieur, votre très-humble serviteur. *Signé*, BELLON.

*Et au dos est écrit* : Paraphé par Robert de Godeheu, Ecuyer-Conseiller, Secretaire du Roi, Maison Couronne de France, & de ses Finances : Et nous Conseiller du Roi, Commissaire au Châtelet de Paris, soussigné au desir de la plainte à nous renduë ce jourd'hui 12. Septembre 1726.

*Signé*, DE GODEHEU, & DAMINOIS.

*SECONDE LETTRE DE BELLON E'CRITE un mois après son évasion au Sieur Germain Rocques, pour qu'il eût à la communiquer au Sieur de Godeheu.*

A Mortagne le 12. Octobre 1726.

J'Ai eu l'honneur de vous écrire deux ou trois fois, Monsieur, pour vous prier d'avoir la bonté de voir Monsieur Godeheu au sujet de la triste situation où je me trouve, sans avoir pû sçavoir le parti qu'il veut prendre avec moi, pour trouver des moyens à me mettre en état de lui payer avec honneur ce que je lui dois, qui n'est pas certainement entrée dans ma bource, étant sorti de Paris avec dix miserables loüis, qui seroient déja bien loin, si je n'avois pas trouvé des ressources dans un vieux ami. Je veux bien pour n'avoir rien à me reprocher, avant que de chercher un autre Ciel, vous repeter pour la derniere fois, qu'il se trompe bien fort, s'il s'imagine que je sois nanti des fonds qu'il m'a confiés. Je vous jure & proteste, que j'ai donné en nantissement la valeur de dix mille livres entre les mains d'une personne, de qui je n'ai pas pû jusqu'à ce jourd'hui avoir aucunes nouvelles, quoique je lui aye fait rendre trois Lettres en main propre. Le profond silence qu'il garde, me fait craindre quelque désaveu, sans cela je lui aurois fait parler, & je ne vous cacherois pas son nom; mais comme il ne sçauroit dénier en ma presence les circonstances de cette affaire, je me reserve de les lui rappeller à mon arrivée : c'est pourquoi je vous supplie très-instamment, Monsieur, de communiquer ma Lettre à Monsieur de Godeheu, pour qu'il m'accorde la sûreté de ma personne pour quelques jours, afin de me justifier envers le public, & de le mettre en état de repeter la plus grande partie de ses fonds. Je ne vois pas, s'il fait attention à son interêt, qu'il puisse me refuser cette satisfaction, puisqu'il sera en état, si je lui accuse faux, d'exercer tous les droits qu'il a contre moi, fondés par des titres que je ne sçaurois contester sans me faire lapider, & passer pour le plus grand fripon de l'Univers, d'abord que j'irois contre ce que j'ai écrit & signé. Pour ce qui regarde le vuide qu'il peut y avoir, il n'est pas à mon pouvoir de le remplir, puisque j'ai été contraint de l'employer pour sortir de l'affaire de Monsieur Taillevin qu'on ne sçauroit soupçonner, ayant eu l'honneur de vous envoyer dans ma premiere, le billet du mois de Novembre 1719. & la Sentence des Juges Consuls de 1722. qui sont des titres exemps de tous reproches de simulation. Je ne lui demande pour le remplir, que de me laisser les moyens de lui marquer ma bonne volonté, qui pourroit lui être plus utile qu'il ne pense, au moment que ma conduite démentira les fausses impressions que mes malheurs peuvent avoir jettées dans le public. Je ne demande encore une fois, Monsieur, que le tems de faire voir que je suis trompé, dans le tems que je suis accusé de tromper les autres : puisqu'il y a des gens qui ont l'hardiesse en mon absence, de se plaindre que je les ai ruinés, tandis que je ne suis embarrassé que pour leur avoir fait plaisir sans interêt. Je puis vous assurer que j'y perdrai la vie s'ils sont asſés mal-honnêtes gens de nier des faits qui ſont vrais & certains : je puis avoir fait quelque faute dans ma conduite, mais on ne ſçauroit me reprocher d'avoir pallié la verité. J'attens avec grande impatience de vos nouvelles pour prendre mon parti, & ſuis avec tout l'attachement poſſible, Monſieur, votre très-humble & très-obéïſſant ſerviteur, *Signé* BELLON : *Et au deſſous eſt écrit :* vous pourrez remettre votre réponſe au donneur de la preſente, qui me la fera tenir en toute ſûreté & diligence.

*Controllé* à Paris le premier Octobre 1728.

*TROISIEME LETTRE DE BELLON E'CRITE au Sieur de Godeheu plus de neuf mois après le Jugement de l'affaire du Sieur Tixier, pour laquelle ledit Bellon étoit alors détenu en priſon.*

Au Fort l'Evêque, ce 21. Janvier. 1728.

JE vous crois le cœur trop bien placé, Monſieur, pour me laiſſer perſecuter par ce fripon de Tixier, qui vient de me faire arrêter à la perſecution de Rocques pour une dette de trois mille livres, dont vous en connoiſſés la fauſſeté auſſi-bien que moi. Il n'y a que deux partis à prendre, ou à payer, ou à reſter en priſon : Si votre bonté ne me tire d'ici par la voye la plus ſure, & qui m'eſt conſeillée par mes amis, qui eſt de faire un Contrat avec mes créanciers, qui me donneront trois ou quatre années de tems pour payer, je ſuis un homme entierement perdu. Ainſi comme vous êtes mon principal créancier, attendu que vous avez un billet de dix mille quatre cens livres de moi, que Tixier ne ſçauroit dire être ſimulé, ni celle de ſix cens livres que je dois à Mr. Pâquier, celle de ſix cens livres que je dois auſſi à Mr. Dulaurent depuis 1724. pour leſquelles il a en nantiſſement ſoixante-huit mille livres de ſouſcriptions de la Compagnie des Indes : ainſi comme ces trois créanciers montent à onze mille ſix cens livres, & qu'ils ſont plus de trois quarts de mes dettes, l'Ordonnance & la Déclaration du Roi portent, que les créanciers pourront donner du tems à ſon débiteur, & lui donner la liberté, s'il ſe trouve arrêté : mais il faut pour cela que je déclare mes biens & mes dettes, que mes créanciers ſignent dans le Contrat, & qu'enſuite ils aillent affirmer devant Monſieur le Lieutenant Civil, que les dettes lui ſont légitimement & veritablement dûës. Vous voyés par-là, Monſieur, que ce que je vous demande pour triompher de mes ennemis, eſt entre vos mains, je ne demande de vous que la verité. Cette déclaration ne ſçauroit vous nuire aux droits de votre plainte, que vous vous reſerverez avec toutes les clauſes qui vous paroîtront pour la ſûreté de votre dette. Vous pouvez compter que mon honneur deſire plus que vous ne croyez de vous donner entiere ſatisfaction, quand il ſera à mon pouvoir. Il ne dépend que de vous aujourd'hui, Monſieur, de me procurer ma liberté, en faiſant la déclaration que je vous demande, & l'avance des frais du Contrat, & de l'homologation aux Juges Conſuls, qui pourront aller tout au plus à deux cens livres. Il faudroit pour cela que vous euſſiés la bonté de prier Mr. Teſſier votre Notaire de venir prendre ma déclaration entre deux guichets : à votre conſideration il me fera quelque choſe de meilleur marché, & ſera plus expéditif qu'un autre : j'eſpere, Monſieur, que vous ne m'abandonnerez pas dans un état ſi pitoyable, ne l'ayant merité que pour avoir été trop bon, & que vous me ferez la charité de m'envoyer quelque écu pour vivre, n'ayant pas mis un morceau de pain dans la bouche depuis vingt-quatre heures. Conſiderez, Monſieur, qu'il vous ſera glorieux d'empêcher que deux fripons ne faſſent mourir dans les fers un honnête homme, qui ne ſouhaite à vivre, que pour vous marquer dans toutes les occaſions, que perſonne n'eſt plus avec attachement inviolable, Monſieur, Votre très-humble, & très-obéïſſant ſerviteur, *Signé*, BELLON.

Controllé à Paris, le premier Octobre 1728.

## *QUATRIE'ME LETTRE DE BELLON E'CRITE au Sieur de Godeheu, avec la copie qui y est annexée.*

Au Fort l'Evêque, ce 26. Février 1728.

MOnsieur, je profite de l'occasion de la sortie de Monsieur Clement Destoutcelles, Greffier en Chef du Parlement de Metz, homme très-entendu dans les affaires, mon ami, & concitoyen, à qui j'ai des grandes obligations des bonnes manieres qu'il a eües pour moi depuis ma détention, qui a bien voulu se charger de ma Lettre, & pour vous informer en même-tems de la conduite de Monsieur Isouard, de qui je n'ai pas lieu de me loüer, pour des raisons que je ne puis pas mettre sur le papier, & que mon ami vous dira de vive voix, ayant très-lieu de craindre qu'il ne me tourne le dos comme les autres, m'étant apperçu qu'il ne me rapportoit pas fidellement vos intentions: je vous prie cependant de ne lui en rien témoigner jusques à ce que je sois sorti, que j'espere, Dieu aidant, être avant les Fêtes. Je vous dirai que pour n'avoir rien à me reprocher, j'ai voulu avant de rien faire, écrire à cet indigne fripon, qui a eu l'insolence de répondre qu'il me retiendroit en prison encore vingt-deux ans: comme vous n'avez jamais sçû les circonstances de cette malheureuse affaire, je vous en envoye la copie, afin que vous connoissiés l'injustice du jugement que ce fripon a obtenu contre moi, en niant tous les faits contre la bonne foi du commerce, J'espere que vous voudrez bien continuer à proteger un innocent, & lui fournir les secours necessaires pour triompher de ses perfides amis. Mon ami m'a encore ouvert une porte pour me sortir d'ici sans me deshonorer, il vous en expliquera la tournure. Je vous conjure encore une fois de ne vous pas laisser gagner aux persécutions de Mr. Isouard qui voudroit toûjours que j'en vins à un accommodement; pour moi je trouve qu'il me sera plus honorable, attendu que j'ai été trompé, volé, & que je ne leur dois rien, d'en sortir par cette voye, parce que je serai en état de faire connoître au public ma droiture, & les indignes moyens que mes amis perfides ont mis en pratique pour me vouloir perdre: il n'y a que vous seul sur qui je compte pour me tirer de vexation, & pour me mettre en état de reconnoître toutes vos bontés, & en ne respirant que pour vous donner des preuves certaines que je suis, & serai jusqu'à la mort, Monsieur, votre très-humble, & très-obéïssant serviteur,

*Signé*, BELLON.

Controllé à Paris le premier Octobre 1728.

## *COPIE DE LETTRE E'CRITE PAR BELLON au Sieur Tixier, & envoyée par le même Bellon au Sieur de Godeheu, le 26. Février 1728. conjointement avec la Lettre cy-dessus transcrite.*

J'Aurois crû, Monsieur, qu'après m'avoir fait arrêter, & conduire au Fort l'Evêque aussi ignominieusement qu'un voleur de grand chemin, vous vous seriés contenté de m'y retenir quelque tems, pour voir si cette dure voye seroit capable de vous procurer le payement de votre prétendu créance, comme des esprits mal intentionnés contre moi ont pû vous le faire entendre; mais votre obstination à m'y vouloir faire perir me revolte à un point que je ne puis concevoir, que vous qui vous piqués de tant de droiture & de Religion, vous serviés pour y réüssir d'une condamnation obtenuë sur deux exposés qui ne vous feront jamais honneur dans la bource, ni ailleurs, violant la bonne foi du commerce.

Le premier d'avoir avancé dans vos Requêtes pour prévenir les Commissaires du Conseil qui l'ont prononcé, que les deux negotiations que j'ai eu le malheur de faire avec vous, étoit un prêt usuraire, fait sur des actions de la Compagnie des Indes, dans le tems que c'étoit une prime en forme de marché ferme, revêtuë de toutes les formalités autorisées par les Arrêts observées encore aujourd'hui par les commerçans du papier: mon engagement & le certificat de dépôt signé par Mr. Nicolas, en font la preuve autentique, ayant Dieu mercy, toûjours eu en horreur tous les mêtiers qui blessent l'honnête homme.

Le second, pour n'avoir pas avoüé d'avoir rendu les effets payables au porteur; par moi de bonne foi déposé és mains d'un ami commun, sans reconnoissance pour sureté du second marché, que vous avez dit contre la verité être la prorogation de ce prétendu prêt usuraire, & dont le produit de la vente d'une partie a été plus que suffisant pour solder mon engagement avec honneur, comme je suis en état de le justifier par l'Agent de Change, qui les a vendus le lendemain de la sommation que vous fites faire à mon domicile le treize Septembre, de vous fournir les Actions au préjudice de la parole d'honneur que vous m'aviés donné deux jours auparavant d'en suspendre la demande à la fin de l'année.

Toutes ces circonstances jointes à la restitution que vous me fites faire à mon arrivé par le dépositaire, me traitant de faussaire de la Lettre de Change de 3600. livres reste du dépôt pour preuve que vous étiés entierement payé, & satisfait, font assés connoître l'injustice que vous me faites d'executer avec cette rigueur un Arrêt qui a été rendu sans connoissance de cause, & sur des faux motifs remplis d'iniquités.

Cela est si vrai, que vous vouliés consentir à une revision, ou à la décision de l'Arbitre exempt de tout reproche, par lequel je vous offrois mon blanc seing avant que d'entrer en instance pour la restitution que vous refusiés de me faire du surplus du dépôt, vous verriés que bien loin d'être votre débiteur de trois mille trois cens livres, vous seriés le mien de six cens quarante livres suivant l'évaluation faite par Mr. De Marine Agent de Change nommé par le jugement, attendu que les vingt-deux actions que je devois fournir, ne valoient que 15200. livres le jour de la sommation, portant offre de me payer 11120. livres, & mes effets rendus 4720. livres.

Après un tel procedé, & le tort irreparable que vous avez fait à ma réputation, en disant à la Bourse & en plein Caffé, que je vous emportois vingt-deux actions: pouvez-vous en conscience me persecuter de la sorte pour une créance si captieuse, & dont le titre qu'elle procede ne vous a été donné que pour me tirer de vos vexations, & par les indignes détours dont vous vous êtes servi pour me le faire signer.

En attendant de vous faire convenir devant le Juge des Juges de la verité de tous ces faits, je vous prie, dans ce saint tems de reconciliation & de restititution, de vouloir m'accorder la liberté, sans me forcer pour l'obtenir malgré vous, de recourir, dans le désespoir où vous me jetté à des moyens dont la honte que la Loi y a attachée rejaillira sur vous, persuadé que les gens qui me connoissent, vous jetteront la pierre, quand ils seront informés de la bonne foi, avec laquelle je me suis dépouillé pour faire face au pernicieux engagement qui cause ma ruine entiere.

Je ne vous demande cependant mon élargissement, que pour me mettre en état, si la fortune ne m'est pas si contraire à l'avenir, de rendre à mes amis ce que je leur dois légitimement, & à vous payer le reste du gain que vous avez fait avec moi, sans solliciter pour reparer ma trop grande facilité, un Arrêt de revision, qui m'en déchargeroit au seul aspect de mes preuves: ainsi je me flatte, Monsieur, qu'après avoir faite les reflexions que merite ma Lettre, vous me ferés sçavoir la résolution que vous prendrés sur la justice de ma demande, afin de pouvoir à votre refus travailler pour sortir de ma captivité. J'ai l'honneur d'être.

---

*Déclaration de Bellon de* 10400. *livres envers le Sieur de Godcheu.*

JE déclare à Monsieur de Godcheu que les vingt Actions que j'ai vendus ce jourd'hui à prime à Mr. Chabert, ou ordre, à livrer d'ici au $\frac{22}{30}$ Septembre prochain, appartiennent au Sieur de Godcheu Secretaire du Roi, ne lui ayant fait que prêter mon nom, lui ayant pour raison de ce, remis le Certificat de depôt, signé Nicolas, sous le numero 3608. que je lui ai endossé: lequel Sieur De Godcheu sera tenu de remettre au porteur de mon engagement, en cas qu'il vienne à lever, lesdites actions avant ledit jour 30. Septembre, en lui païant la somme de 10400. livres contenuë audit engagement. Fait à Paris le six May 1726. *Signé*,

BELLON.

Controllé à Paris le 23. Novembre 1728.
Reçu 61. livres 14. ſ. ſigné Vandelle.

*Et au dos eſt écrit:* paraphé par Robert De Godeheu Secretaire du Roi, & Nous Conſeiller Commiſſaire au Châtelet de Paris, ſouſſigné au deſir de la plainte à Nous renduë ce jourd'hui 12. Septembre 1726. *Signé*, De Godeheu & Daminois.

*Engagement de Bellon envers le Sieur Chabert.*

JE fournirai d'aujourd'hui au 20/30 Septembre prochain, à Monſieur Chabert Agent de Change, ou à ſon ordre, la quantité de vingt Actions de la Compagnie des Indes avec les dividendes des ſix premiers mois 1726. en me payant par le Sieur Chabert la ſomme de 7980. livres d'ici audit jour 20/30 Septembre prochain, paſſé lequel tems le preſent engagement ſera nul, & comme non avenu: & pour ſûreté dudit marché, j'ai dépoſé leſdites vingt Actions au Bureau de Mr. Nicolas, conformément à l'Arrêt. Fait à Paris le ſix Mai 1726. *Signé*, Bellon.

ruë ſaint Nicaiſe, chez
Mr. Rocques.

bon pour 20. Actions
à 4. dividendes en
payant 7980. livres.

au fo. 561. no. 3608.

veû
Nicolas
& au dos ſigné Chabert.

Extrait du Livre Journal du Sieur Chabert.

6. Mai 1726.

pris du Sieur Bellon 14. Actions
à 720. livres pour le 20/30 Septembre donné
ſix Actions ſur 14. reſte à payer
pour vingt Actions à 4. dividendes
7980. livres.

vendu audit Bellon ledit jour ſix Mai 14. Actions à 5. dividendes à 620. livres ſur laquelle ſomme il faut déduire 75. livres pour le ſixm. dividend qui manque. Reſte 54. 5. l.

82. 0.

www.ingramcontent.com/pod-product-compliance
Ingram Content Group UK Ltd.
Pitfield, Milton Keynes, MK11 3LW, UK
UKHW020949220726
13924UKWH00002B/592